Hans-Ulrich Dallmann,
Fritz Rüdiger Volz

Ethik in der Sozialen Arbeit

**WOCHEN
SCHAU
STUDIUM**

Bibliografische Information der Deutschen Nationalbibliothek
Die Deutsche Nationalbibliothek verzeichnet diese Publikation in der Deutschen
Nationalbibliografie; detaillierte bibliografische Daten sind im Internet über
http://dnb.d-nb.de abrufbar.

© WOCHENSCHAU Verlag
Dr. Kurt Debus GmbH
Schwalbach/Ts. 2013

www.wochenschau-verlag.de

Titelgestaltung: Ohl Design
Gedruckt auf chlorfreiem Papier
Gesamtherstellung: Wochenschau Verlag
ISBN 978-3-89974319-7

INHALT

1. EINLEITUNG

Dieses Lehrbuch führt in die Ethik Sozialer Arbeit ein. Theorie und Praxis Sozialer Arbeit stehen daher im Blickpunkt und nicht eine Einführung in die Ethik ganz allgemein. Dies ist inhaltlich begründet und nicht der Tatsache geschuldet, dass im Rahmen dieser Einführungsreihe nur ein eng bemessener Umfang vorgegeben ist.

Berufsethiken gehören zu dem Bereich der Ethik, der unter der Rubrik „Angewandte Ethik" verortet wird. Die angewandte unterscheidet sich von der allgemeinen Ethik darin, dass sie themen- oder bereichsspezifische Probleme aufgreift und erörtert. Dabei wendet sie nicht einfach Theorien und Modelle, die in der allgemeinen Ethik entwickelt worden sind, auf diese Probleme an. Stattdessen geht sie vom Eigensinn der Praxis und der Theorie im entsprechenden Feld aus. Zu diesem setzt sie ethische Begriffe und Theorien in Beziehung.

Ethik fragt nach den Möglichkeiten und den Kriterien einer gelingenden Praxis. Es geht ihr darum, was eine solche Praxis „gut" macht. Davon sind in der Sozialen Arbeit zunächst die Professionellen selbst betroffen und ihre Gegenüber: Klientinnen, Adressatinnen oder Nutzer. Vermittelt ist das Verhältnis zwischen beiden über eine eigentümliche Beziehung, die man in erster Annäherung als „Intervention" bezeichnen kann. Diese Beziehung gestaltet sich und wird gestaltet durch die Organisation, in der sie ihren Ort hat. Dabei steht sie im weiteren Horizont des professionellen Selbstverständnisses und in der sozialpolitischen Bestimmung dessen, was Soziale Arbeit ausmacht. Im weitesten Sinne bezieht sich die Beziehung auf und ist geprägt von den gesellschaftlichen Zusammenhängen, in denen sie sich vollzieht.

Diese Verhältnisse liegen der Gliederung dieses Buches zugrunde: Im 3. Kapitel wird „die gute Sozialarbeiterin, der gute Sozialarbeiter" zum Thema, im 4. „die gute Klientin, der gute Klient", daran schließen sich Fragen zur „guten Intervention" (5. Kapitel) an. Dem folgen Abschnitte, die die genannten Rahmenbedingungen diskutieren: „Die gute Einrichtung" (6. Kapitel), „Die gute Profession" (7. Kapitel), „Die ‚gute Policey'" (8. Kapitel) und „Die gute Gesellschaft" (9. Kapitel). Abschließend soll nach den Möglichkeiten einer „guten Urteilsbildung" (10. Kapitel) gefragt werden. Den Anfang bildet ein Kapitel eher allgemeinen Zuschnitts, in dem es um „Die guten Gründe" (2. Kapitel) geht, also um die Spezifik ethischer Reflexion.

Wir verzichten in diesem Buch weitgehend auf Zitate und Belege (außer bei „Klassikerzitaten", die nach den üblichen Standardausgaben zitiert werden). Selbstverständlich greifen wir dabei auch auf andere Literatur zurück, diese haben wir im Literaturverzeichnis (11. Kapitel) aufgeführt. Diese Darstellungsweise haben wir gewählt, um deutlich zu machen, dass es in der Ethik nicht in erster Linie um reproduzierbare Wissensbestände geht, sondern um die Erörterung und Problematisierung ernster Fragen, die die Lebensführung – und damit natürlich auch die Berufsführung – von Personen betreffen. Insofern sollen die Kapitel Anstöße zum Weiterdenken sein – in Zustimmung für das und Ablehnung von dem, was wir jeweils für interessant und erörternswert erachten.

Aus dem gleichen Grund setzen wir uns auch nicht explizit mit anderen Lehrbüchern zur Ethik der Sozialen Arbeit und der Sozialpädagogik auseinander. Nicht weil wir die Arbeit der Kolleginnen und Kollegen nicht schätzen, sondern weil es uns um einen möglichst eigenständigen Zugang zum Thema geht. Die unseres Erachtens wichtigsten Lehrbücher haben wir in der Literaturliste aufgeführt. Gleiches gilt für Einführungen in die Ethik allgemein. Hier nennen wir die Werke, die nach unserer Einschätzung eine gute Orientierung ermöglichen.

Die Erarbeitung dieses Buches geht auf einen langen gemeinsamen Diskussionsprozess zurück, an dem neben anderen Kolleginnen und Kollegen (genannt seien stellvertretend Raimund Hassemer, Joachim Weber und Sarah Banks, Chris Clark sowie Francesco Villa) nicht zuletzt die Studierenden der Sozialen Arbeit an der Evangelischen Fachhochschule in Bochum und an der Hochschule Ludwigshafen am Rhein beteiligt waren. In der Diskussion mit ihnen haben wir vieles erprobt, modifiziert oder aber verworfen. Ihnen gehört unser Dank.

2. DIE GUTEN GRÜNDE

Vierjährige Kinder stellen angeblich pro Tag hunderte Warum-Fragen. Das fängt morgens an (Warum in den Kindergarten gehen, warum nicht so viel Nutella) und hört erst abends auf (Warum jetzt schon ins Bett gehen, Zähne putzen). Irgendwann lässt das nach und wird seltener. Werden Warum-Fragen Erwachsenen gestellt, signalisiert das in der Regel ein Problem. Das Handeln oder Verhalten einer Person wird frag-würdig. Normalerweise verläuft der weitaus größte Teil des Alltags fraglos. Wir würden es als seltsam empfinden, nach den Gründen für die Alltäglichkeiten befragt zu werden. Erwachsene sind mit Gründen für ihr Handeln zumeist gut versorgt. Man zählt auch nicht dauernd das Geld in der Geldbörse oder blickt auf den aktuellen Kontostand. Manchmal ist es jedoch notwendig, genau das zu tun. Wenn ich eine größere Anschaffung plane oder eine lange Reise machen will zum Beispiel. Und selbstverständlich kann es Lebenslagen geben, in denen ich ständig mit der Frage nach meinen finanziellen Mitteln konfrontiert bin.

Ähnlich ist es mit den Gründen für unser Handeln. Im Alltag gut versorgt, in Entscheidungssituationen eventuell problematisch, in ernsten Lebenslagen kritisch. Die Ethik der Sozialen Arbeit hat es mit Orientierungsfragen und den Gründen für unser Handeln zu tun. Deshalb muss die Frage geklärt werden, welche Gestalt solche Gründe haben und wie die Sprache aussieht, die explizit moralische oder ethische Gründe ausdrückt.

Begriffsklärungen: Ethik, Moral und Ethos

Die Ethik der Sozialen Arbeit steht in einer langen Tradition ethischer Reflexion. Die Frage, was ein gutes Leben ist, beschäftigt Menschen, seit sie begonnen haben, darüber nachzudenken, wie sie ihr Leben führen sollen. Deshalb ist es notwendig, sich dieser Reflexionsgeschichte zu vergewissern, ehe man die speziellen ethischen Fragen, die sich in der Sozialen Arbeit stellen, diskutiert.

Traditionell bezieht sich *Ethik* auf die Frage, wie ich mein Leben führen will. Der Begriff selbst geht zurück auf den griechischen Philosophen Aristoteles. Er spricht von „ta ethika", der Sittenlehre. Das griechische Wort bedeutet zunächst Gewohnheit, Sitte oder Brauch. Aristoteles geht es um die Erörterung der Frage, welche Güter erstrebenswert sind, um ein „glückseliges Leben" in der Gemeinschaft zu führen. Ziel der Ethik ist, methodisch gesichert (also wissenschaftlich) die Grundfragen für ein gutes, gerechtes und vernünftiges Leben zu beantworten. Diese Grundfragen sollen mit den Mitteln der Vernunft ohne Berufung auf Autoritäten und Konventionen gültig und einsichtig geklärt werden. Damit reagiert Aristoteles auf die Situation, dass die herkömmliche Orientierung durch die Gesetze, durch Maßstäbe des Schönen und die alltäglichen Gewohnheiten und Praktiken fragwürdig geworden ist.

Der Begriff Ethik wird oft gleichbedeutend mit dem der *Moral* gebraucht. Dieser stammt vom lateinischen „mos" (Gewohnheit, Sitte, Brauch, aber auch Gesetz, Vorschrift) und wurde von Cicero als Übersetzung des griechischen Begriffs Ethik eingeführt. Hier geht es darum, was gute Sitte ist, was sich schickt, um das, was üblicherweise erwartet wird. In der philosophischen Diskussion wird spätestens seit der Aufklärung der Begriff der Moral auf das bezogen, was sich Menschen prinzipiell, also unabhängig von Sitten und Gebräuchen, gegenseitig schulden.

Von Ethik und Moral zu unterscheiden ist das *Ethos*. Dieser Begriff wird gegenwärtig vor allem im Zusammenhang mit einem Berufs- oder Standesethos gebraucht. Ethos bezeichnet das, was üblicherweise in Geltung ist, Konventionen und Selbstverständlichkeiten, angefangen von Formen des Grüßens über die Tischmanieren bis hin zu gesellschaftlichen Hierarchien. Menschliches Handeln ist immer schon an dem orientiert, was in Gruppen oder Gesellschaften üblicherweise erwartet wird. Wir finden Orientierungen vor, die eine gewisse Verlässlichkeit des Verhaltens garantieren, und gehen von einem – oft implizit bleibenden – Wissen aus, welches das alltägliche Handeln voraussetzen muss.

ETHIK ALS REFLEXIONSTHEORIE DER MORAL

Mit diesen begrifflichen Verständigungen ist noch nicht viel gewonnen. Es ist notwendig zu präzisieren, wie an dieser Stelle Ethik – und damit die Ethik Sozialer Arbeit – aufgefasst werden soll. Wir verstehen Ethik als die methodische Reflexion der Orientierungsmuster, die unser Handeln prägen. Die Wissenschaft jedoch ist die „Feindin des Selbstverständlichen". Nichts ist selbstverständlich, alles hat seine eigenen Entstehungs- und Geltungsbedingungen; und diese sollen herausgefunden und offen dargelegt werden, um sie der Kritik und der Rechtfertigung zugänglich zu machen. Diese reflexive Dimension hat auch die Ethik, man kann sie als Reflexionstheorie oder als kritische Theorie der Moral bezeichnen. Welche Gründe gibt es für die geltenden Werte und Normen? Sind es gute Gründe?

Es lässt sich auch soziologisch begründen, dass *Ethik als Reflexionsform der Moral* zu verstehen ist. Niklas Luhmanns Systemtheorie liefert hier den begrifflichen Rahmen. Luhmann versteht Moral als eine besondere Art von Kommunikation, bei der immer der Hinweis mitläuft, ob die andere Person geachtet oder missachtet wird. Moral verfügt dabei über einen spezifischen Code, der durch die Werte Achtung beziehungsweise Nicht-Achtung strukturiert ist. Nur was diesen Code aktualisiert, ist moralische Kommunikation. Codes sind Einrichtungen, die die Kommunikation vereinfachen. Sie sind zweiwertige Strukturen, die einen für sie typischen Bereich formen. Während es bei der Moral um Achtung/Nicht-Achtung geht, geht es in der Wissenschaft um wahr/falsch oder in der Religion um Immanenz/Transzendenz. Bei moralischer Kommunikation wird der Code auf Personen angewandt. Diese geraten dabei als Ganze in den Blick und nicht hinsichtlich bestimmter einzelner Fähigkeiten, Fertigkeiten oder Charakterzüge. Wer moralisch kommuniziert, macht sein Handeln einer anderen Person gegenüber von einem Urteil über die Person abhängig. Typischerweise ist diese Form der Kommunikation symmetrisch strukturiert. Wer moralisch kommuniziert, bindet sich selbst und gesteht dem oder der anderen zu, dass sein oder ihr Handeln ebenso vom Urteil über die Person wie von sich selbst bestimmt ist.

Ethik wird von Luhmann als Reflexionstheorie der Moral beschrieben. Reflexion ist hier ein spezifischer Bezug eines Systems auf sich selbst, sie ist eine Form der Selbstbeobachtung und Selbstbeschreibung. Der strikte Selbstbezug der Reflexion dient zur Steuerung der Funktion und Leistung eines Systems. Ethik reflektiert die tatsächliche moralische Kommunikation. Sie nötigt dazu, Gründe zu liefern, warum eine bestimmte Handlung – und damit eine konkrete Person – als gut oder als schlecht zu bezeichnen ist. Die Ethik entwickelt, in anderen Worten, Programme, die es erlauben, begründet entsprechende Urteile zu treffen und sich an ihnen zu orientieren. Solche Programme gibt es allerdings viele, die zum Teil erbittert miteinander konkurrieren. Doch die Vielzahl ethischer Theorien entbindet niemanden von der Notwendigkeit, eine begründete Antwort zu geben, wenn er oder sie im Blick auf das Handeln gefragt wird: Warum hast du das getan?

Ethik, Moral, Sitte – Ebenen ethischer Theorie

Es lassen sich in der ethischen Tradition zwei grundlegende Ethiktypen unterscheiden, die jeweils einen besonderen Schwerpunkt setzen: Stärker auf einzelne Handlungen bezogene und stärker auf die Verfassung des oder der Handelnden bezogene Ethiken. Der eine Ethiktyp fragt nach dem Gut-Sein von Personen oder sozialen Zusammenhängen, in die die Personen eingebettet sind, der andere nach dem Gut-Sein von Handlungen, sei es nach dem Gut-Sein der Handlungen selbst oder der Regeln, denen diese Handlungen folgen. In der ethischen Tradition lässt sich diese Unterscheidung festmachen an Tugendethiken auf der einen und Sollensethiken auf der anderen Seite. Womit natürlich nicht gesagt ist, dass in Tugend-ethiken die Handlungen der tugendhaften Menschen schlicht be-langlos oder dass in Sollensethiken die Verfassung der handelnden Personen unwichtig wären. Allerdings gehorchen die beiden Ethik-typen verschiedenen Rationalitätsmustern der praktischen Vernunft. Hierauf hat Jürgen Habermas hingewiesen.

Die verschiedenen Arten des Vernunftgebrauchs entstehen nach Habermas durch die Bearbeitung von jeweils spezifischen Proble-men. Dabei unterscheidet er zwischen Problemen, bei denen prak-tische Überlegungen über die Zweckmäßigkeit einer bestimmten Handlung im Vordergrund stehen, weiteren, bei denen die Identität der Person betroffen ist und solchen, bei denen die Interessen ande-rer direkt einbezogen sind. Bei den praktischen Überlegungen über die Zweckmäßigkeit geht es um die rationale Wahl von Mitteln, die eingesetzt werden, um bestimmte Ziele zu erreichen, die sich aus den Präferenzen der Handelnden ergeben.

Anders stellt sich die Situation dar, wenn statt nach Präferenzen nach den Zwecken oder Werten selbst gefragt wird. Wenn auf die Werte Bezug genommen wird, die einem Problem zugrunde liegen, kommt die Person selbst ins Spiel. Je dringlicher sich diese Frage stellt, umso mehr ist die ganze Person involviert. Welches Leben will ich führen und welche Person bin ich oder will ich sein? Solche erns-ten Fragen stellen sich zum Beispiel an Wendepunkten im eigenen Leben, wenn die Berufswahl oder die Familienplanung im Zentrum stehen. Solche Probleme betreffen die Identität. In der ethischen Tra-dition hat dieser Problemkreis in der aristotelischen Ethik und den Entwürfen, die sich auf sie beziehen, seinen Platz dort, wo es um Fragen des „guten Lebens" geht. Diese bewegen sich Habermas zufolge im Bereich der *Ethik*. Solche ethischen Probleme können allerdings keinen universalen Geltungsanspruch haben. Fragen des guten Lebens stellen sich nur für einzelne Personen oder Gruppen. Nur sie können fragen: Wie soll ich oder wie sollen wir gut leben? Welcher Mensch will ich sein? Die Identität einer Person ist in le-bensweltlichen Zusammenhängen verankert. Die Lebenswelt liefert die kommunikativen Ressourcen, von denen die Identität zehrt. Die Identität einer Person ist immer nur partikular, auch wenn sie sich in kommunikativen Zusammenhängen aufbaut und grundsätzlich sozial konstituiert ist. Wiederum anders stellt sich die Situation dar, wenn Handlungen die grundlegenden Interessen anderer berühren. Dann können partikulare Begründungen eine Handlung nicht mehr hinreichend rechtfertigen und dann wird aus einem ethischen ein moralisches Problem. *Moral* setzt einen Perspektivenwechsel voraus, bei dem die Beteiligten die Position des anderen immer mit berücksichtigen müssen. Bei moralischen Fragen muss von allen partikularen lebensweltlichen Zusammenhängen abstrahiert werden. Es geht um Regelungen, denen prinzipiell alle zustimmen können müssen. Die strikte Verallgemeinerung ist das Kennzeichen moralischer Diskurse. Verkörpert wird dies im Kategorischen Imperativ Kants, demzufolge die Handlung entsprechend einer Maxime nur dann moralisch ist, wenn alle wollen können, dass alle in vergleichbaren Situationen dieser folgen. In den Worten Kants: Dass wir wollen können, dass diese Maxime unserer Handlung ein allgemeines Gesetz werden kann.

Die praktische Vernunft argumentiert je nach Problemlage in einer anderen Weise. Entsprechend liegen die Handlungsanweisungen auf verschiedenen Ebenen. Im Bereich pragmatischer Zweck-Mittel-Kalkulationen führen die Überlegungen zu „bedingten Imperativen", die jeweils ein „relatives Sollen" ausdrücken. Ethischen Fragen entsprechen dagegen „unbedingte Imperative", die die Form von Ratschlägen oder Empfehlungen haben. Moralischen Problemen gehören schließlich kategorische Imperative zu. Es geht in ihnen nicht um subjektive Zwecke oder Präferenzen und nicht um die für mich wichtige Frage nach einem gelungenen Leben, sondern um das, was jede und jeder tun soll oder tun muss. Zwischen den verschiedenen Ebenen besteht ein Gefälle, das sich durch den jeweils unterschiedlichen Grad der Universalisierbarkeit beschreiben lässt.

Wenn man der Argumentation von Habermas folgt, lassen sich zwei Bereiche in dem üblicherweise als „Ethik" bezeichneten Gebiet unterscheiden, die unterschiedliche Problematiken betreffen und die eine je eigene Geltung und Rationalität besitzen. Den moralischen Bereich der Geltung von allgemeinen Normen, der eng verknüpft ist mit dem Recht, und den ethischen Bereich der partikularen Identitäten, den Gütern und Werten, die sowohl die individuelle Identität einzelner Personen als auch die bestimmter Lebensformen prägen. Beide Bereiche lassen sich weder verabsolutieren noch aufeinander reduzieren. In der Ethik als Reflexionsform der Moral müssen beide Bereiche unterschieden und aufeinander bezogen werden.

EIN EBENENMODELL ETHISCHER ARGUMENTATION

Bislang wurden einige Unterscheidungen eingeführt: zwischen Ethik und Moral, zwischen Ethik als Frage nach dem gelingenden Leben und der Ethik als einer Reflexionstheorie der Moral. Auf den ersten Blick verwirrend ist, dass der Begriff Ethik in einer doppelten Verwendung auftaucht. Von Ethik wird einmal auf einer eher theoretischen reflektierenden Ebene und zum anderen hinsichtlich einer bestimmten Fragerichtung gesprochen. Eine Übersicht über die Begriffsverwendungen kann die folgende Tabelle bieten:

Ethik als Reflexionstheorie		
Moral	Was soll ich, was sollen wir tun? Was schulden wir uns wechselseitig?	Normen, Prinzipien
Ethik	Wie soll ich, wie sollen wir leben? Was ist eine gute Lebensführung? Was für ein Mensch will ich sein?	Güter, Werte, Tugenden
Ethos/Sitte	Was gilt bei uns gewöhnlich? Woran orientiert man sich üblicherweise?	Sitten, Gebräuche, Anstand, Takt
Ethos/Sitte	leitende Fragen	zentrale Begriffe

Ethik lässt sich nicht auf eine Perspektive reduzieren, sondern will Orientierungsfragen in einem umfassenden Sinn thematisieren. Es geht um das Verständnis der Muster, an denen wir uns im Alltag, aber auch bei ernsten gesellschaftlichen Problemen orientieren. Dies gilt auch für die Praxis der Sozialen Arbeit. Hier gibt es Üblichkeiten, die das professionelle Handeln bestimmen, hier gelten allgemeine Normen, die nicht verletzt werden dürfen, hier stellt sich die Frage,

was eine „gute" Soziale Arbeit ist und was eine „gute" Sozialarbeiterin oder einen „guten" Sozialarbeiter auszeichnet. Deswegen lässt
sich die Ethik der Sozialen Arbeit als Theorie der Berufsführung verstehen, die auf einer Hermeneutik der Orientierungen basiert, auf die
sich Soziale Arbeit bezieht. Es geht nicht allein um das Freilegen dieser Orientierungen, sondern ebenso um eine Kritik von Praktiken, die
einer guten Sozialen Arbeit entgegenarbeiten. So gehören eine „In-
dividualethik" sozialarbeiterischen Handelns und eine „Sozialethik"
der Sozialen Arbeit im gesellschaftlichen Kontext untrennbar zusammen. Zudem leistet die Ethik sowohl einen Beitrag zur Klärung des
sozialarbeiterischen Selbstverständnisses, der sozialarbeiterischen
Identität, als auch zur sozialarbeitswissenschaftlichen Aufklärung der
Grundlagen der Sozialen Arbeit als Beruf und Profession.

LEBENSFÜHRUNGSHERMENEUTIK, LEBENSPRAKTISCHES
ORIENTIERUNGSWISSEN

Der Ansatz der Ethik, von dem wir ausgehen, lässt sich zusammenfassen als *Lebensführungshermeneutik* und *solidarische Kritik*. Die
Aufgabe der Ethik besteht nach diesem Ansatz darin, eine Hermeneutik für die grundlegenden Wertungen zu liefern, die die Lebensführung bestimmen. Es geht um die Frage nach den tragenden Wert-
und Normvorstellungen für die Lebensführung der Einzelnen ebenso
wie für die jeweilige Gemeinschaft, der diese Individuen angehören.
Der Begriff „Hermeneutik", der schon weiter oben gebraucht wurde, bezeichnet die Lehre vom Verstehen. Zwar verstehen wir den
Sinn von Aussagen immer schon „irgendwie", wenn wir kompetente
Sprecherinnen und Sprecher einer Sprachgemeinschaft sind. Wie
es sich nicht nur bei literarischen Texten zeigt, erschöpfen sich Sinn
und Bedeutung sprachlicher Äußerungen nicht mit dem so Verstan-
denen. Insofern will die Hermeneutik zum immer wieder neuen und
nach Möglichkeit besseren Verstehen anleiten. Das ist nötig, weil
sich das Verstehen immer in einem Zirkel vollzieht. Ich gehe immer
mit einem Vorverständnis an sprachliche Äußerungen heran. Dieses
kann – und sollte sich – in der Auseinandersetzung mit diesen Äußerungen verändern. Zudem nehmen mit meinen Erlebnissen und
Erfahrungen mein Vorwissen und mein Vorverständnis eine andere

Gestalt an. Wenn ich ein Buch nach vielen Jahren wieder lese, werde ich es anders verstehen als bei der ersten Lektüre. Deshalb ist das Verstehen ein Prozess, der nie zum Abschluss kommt.

Das Verstehen ist jedoch, besonders wenn es um das Verstehen meiner selbst geht, kein Selbstzweck. Es dient dazu, das Verhältnis zwischen meinem Denken und meinem Handeln zu klären. Anlass einer solchen Klärung ist meist eine erlebte Dissonanz zwischen der Art und Weise, wie ich lebe, und den Vorstellungen davon, wie ich leben möchte. Die Auflösung dieser Dissonanz kann in zwei Richtungen erfolgen: Entweder muss sich mein Denken ändern oder mein Handeln. Meine Vorstellungen von einem gelingenden Leben können z. B. überzogen oder nicht realitätsgerecht sein. Umgekehrt kann ich erkennen, dass mein Handeln „eigentlich" nicht zu mir passt. Dann sollte ich etwa meine Berufswahl überprüfen oder das Zusammenleben mit Partnerin oder Partner anders gestalten. Die Voraussetzung dieser Klärung ist in beiden Fällen das Verstehen.

In diesem Sinn ist die Aufgabe der Ethik Interpretation und Kritik. Sie muss hinschauen, was wo schon in Geltung ist, um daran anzuknüpfen, um beratend tätig zu werden und um den Personen zu einem besseren Verständnis, zu einem Verstehensangebot ihrer eigenen Werte, Güter und Normen zu verhelfen, sie zum Engagement zu befähigen und ihre Kompetenzen zu stärken. Ihr geht es um Selbstaufklärung. Aber ihr muss es ebenso darum zu tun sein, für die jeweilige Kontextualität zu sensibilisieren, indem sie ein Bewusstsein von Struktur, Entstehung und Geltung der herrschenden Orientierungsmuster vermittelt. Ethik expliziert das Implizite, sie versprachlicht es, rekonstruiert und rechtfertigt es, und sie kritisiert die Geltung von Handlungsorientierungen, Rechtsnormen, Regeln und Verhaltenskodices. In diesem Sinne ist Ethik „kritische Theorie des Ethos".

Die Aufgabe der Ethik erschöpft sich nicht darin, Wertungen und Orientierungen zu beschreiben. Vielmehr ist die Aufgabe der Ethik auch die Kritik der Praxis einer Gemeinschaft. Auch diese bezieht sich auf grundlegende Normen und Werte, wie z. B. die Menschenwürde, die Autonomie der Personen oder die Solidarität mit Schwächeren. Aber die gesellschaftliche Praxis entspricht in manchen Fällen diesen Orientierungen nicht oder es treten neue Probleme auf, für die noch keine Orientierungsmuster gefunden wurden. Der Ruf nach Ethik wird nicht zufällig immer dann laut, wenn andere Problemlösungsmechanismen (etwa des Rechts, der Wirtschaft oder der Wissenschaft) nicht mehr überzeugen können. Für den amerikanischen Sozialphilosophen Michael Walzer ist in diesem Sinn der alttestamentliche Prophet das Urbild eines kontextverbundenen Kritikers, der die Normen, Werte und Tugenden, die – zumindest in den „Sonntagsreden" – gemeinsam vorausgesetzt werden, kritisch gegen die gesellschaftliche Praxis wendet.

Es geht also um lebenspraktisches Orientierungswissen. Die Reflexion darauf ist insofern wissenschaftlich, als sie sich methodisch absichert und als Hermeneutik begreift. Die Bezugswissenschaften sind daher zuerst die Philosophie und – im Falle etwa einer theologischen Ethik – die Theologie. Weder Theologie noch Philosophie können beim gegenwärtigen Stand der gesellschaftlichen Entwicklung beanspruchen, alle für die Lebensführung relevanten Zusammenhänge aus eigener Perspektive zu entwickeln. Die Ethik ist deshalb darauf angewiesen, sich von anderen Wissenschaften „belehren" zu lassen. Ethische Theoriebildung ist von ihren Voraussetzungen her auf Interdisziplinarität angelegt; sie muss sich angesichts der Komplexität des gesellschaftlichen Lebens als Integrationswissenschaft begreifen. Sie kann nicht Gesellschaftstheorie sein, sie ist nicht Theorie der Sozialen Arbeit, sondern leistet für diese einen unverzichtbaren Beitrag. Andererseits können die Fachwissenschaften die Ethik nicht ersetzen. Deren Methodiken sind, wollen sie nicht ideologisch werden und eigene Voraussetzungen absolut setzen, auf die ethische Reflexion angewiesen. Theorie und Praxis der Sozialen Arbeit sind für eine ethische Reflexion zugänglich und ihrer bedürftig. Dabei ist die Ethik in den Worten Trutz Rendtorffs, eines theologischen Ethikers, nicht die Lösung der Weltprobleme, sondern die Steigerung der Sensibilität für sie. Dies schließt die Probleme in der eigenen Lebensführung und der beruflichen Praxis mit ein.

WAHRNEHMEN, BEWERTEN, URTEILEN, HANDELN

Zu wissen, was gut ist, bedeutet noch nicht, es auch anzustreben; zu wissen, wie die Lebensführung glückt, heißt noch nicht, auch so zu leben. Das Dilemma der Ethik ist, dass sich Wissen und Lebensform nicht immer entsprechen. Das ist kein neues Problem, schon Aristoteles kannte es: „Wir betrachten die Tugend nicht, um zu wissen, was sie ist, sondern um tugendhaft zu werden; sonst wäre unsere Arbeit zu nichts nütze" (EthNic 1103b, 27-29). Offensichtlich ist es möglich, sich mit Ethik zu beschäftigen, ohne die eigene Lebensführung mit einzubeziehen. Deshalb ist die Frage zu stellen, wie es zu einem ethischen Urteil kommt und wie sich aus ihm Konsequenzen ableiten.

Ethisch urteilen zu können, ist eine Kompetenz, die wie andere ausgebildet und vertieft werden kann und muss. Im ethischen Urteil kommen drei Komponenten zusammen: das Wahrnehmen, das Bewerten und die Schlussfolgerung. Wichtig ist dabei, dass die *Wahrnehmung* zum Bestandteil der Urteilsfähigkeit wird. Wahrnehmung bildet nie „rein" das Wahrgenommene ab, sondern stellt es gleichzeitig in einen Zusammenhang. Wahrnehmung ist immer „Wahrnehmung als". Ich nehme einen Gegenstand als etwas Bestimmtes wahr. Grundlegend ist die Schemabildung, die ihrerseits eine neurophysiologische Grundlage hat. Die Gestaltpsychologie geht davon aus, dass menschliche Wahrnehmung nicht rein passiv funktioniert. Sie bringt vielmehr ihre Gegenstände mittels einer Reihe von Gestaltgesetzen selbst hervor. Wahrnehmung hat einen qualitativen Charakter. In sie gehen die Handlungskontexte des oder der Wahrnehmenden ein. Die Haltung oder Einstellung einer Person bestimmt ein Wahrnehmungsfeld, das die Aufmerksamkeit in eine bestimmte Richtung lenkt, das Gefühle hervorruft, das bewertet und das Einzelheiten auswählt und andere ausblendet. Das ethische Urteil hängt deshalb von einer Wahrnehmung ab, die das Wahrgenommene in einen bestimmten Handlungskontext stellt. Nur wenn ich eine Situation als ethisches Problem „sehe", werde ich mich handelnd darauf einstellen. An dieser Stelle hängen Ethik und Ästhetik eng zusammen.

Dieses „Sehen" eines ethischen Problems lässt sich nicht allein kognitiv vermitteln. Es setzt vielmehr eine gewisse ethische Sensibilität bereits voraus. Trotzdem kann es eingeübt werden. Das Wahrnehmen einer Situation als ethische kann genauso gut eingeübt werden, wie andere spezifische Wahrnehmungsformen, die für eine bestimmte Praxisform bedeutsam sind. Ein Laie sieht in einem Rastertunnelmikroskop etwas anderes als ein ausgebildeter Physiker oder eine Chemikerin.

Das Bewerten und Beurteilen einer Situation oder Handlung erfordert eine spezifische Kompetenz. Diese wird in der philosophischen Tradition *Urteilskraft* genannt. Formal ist damit die Fähigkeit gemeint, Besonderes unter Allgemeines zu fassen. Hier ist die „Bewertung als" das zu lösende Problem. Man kann sich das am Bespiel eines Gerichtsverfahrens veranschaulichen. Dort geht es darum, einen ganz konkreten Sachverhalt als einen „Fall von etwas" zu kennzeichnen. Das konkrete Verhalten einer Person ist z. B. als Körperverletzung oder als versuchter Totschlag zu beurteilen. Der Richter oder die Richterin muss einen Sachverhalt einer Rechtsnorm zuordnen. Das ist nicht einfach, weil Sachverhalte immer einzigartig sind, Normen hingegen notwendigerweise abstrakt. Urteilskraft lässt sich nicht allein theoretisch aneignen. Urteilskraft ist ein praktisches Vermögen, das eingeübt werden muss – und kann.

Rechtfertigungen und Begründungen

Ethik hat mit Warum-Fragen zu tun. Gründe antworten auf die Warum-Frage mit einem „weil". Um diese Funktion zu erfüllen, müssen die Weil-Antworten zumindest in sich stimmig, sie müssen konsistent sein. Sie müssen auf die Frage passen und in sich logisch sein. Ein Satz wie: „Ehrlichkeit ist gut, aber ich finde ehrlich zu sein nicht gut", ist unstimmig. Wenn ich ehrlich zu sein nicht für gut halte, kann ich schwerlich Ehrlichkeit gut nennen. Ebenso können die Gründe für eine solche Aussage problematisch sein. Wenn ich behaupte, dass ich Ehrlichkeit nur für gut halte, weil ich streng religiös erzogen worden bin, distanziere ich mich schon in gewisser Weise von dieser Tugend. Andere Personen sind anders erzogen und halten es dann nicht so mit der Ehrlichkeit. Ehrlichkeit ist dann von zufälligen Umständen abhängig.

Gründe zu haben, kann unterschiedlich verstanden werden. Gründe können als einer Handlung vorhergehend oder auf sie zurückschauend gedacht werden. Im ersten Fall habe ich einen Grund und richte mein Handeln an diesem aus. Im zweiten Fall handle ich und antworte auf eine Warum-Frage mit der Angabe von Gründen. In der traditionellen Ethik wird meist vom ersten Fall ausgegangen. Im Alltag kommt meist der zweite Fall zum Tragen. Wir handeln und werden gelegentlich von anderen gefragt – oder fragen uns selbst – warum wir das so oder so getan haben. Wir rechtfertigen uns dann dadurch, dass wir Gründe nennen. Diese Gründe bestehen schon vor dem Handeln, sind aber meist nicht explizit und bewusst in die Handlung eingegangen. Natürlich biegen wir uns bisweilen Begründungen zurecht und formulieren als Rechtfertigungen mehr oder minder lahme Entschuldigungen. Gründe sind nicht immer moralischer Natur, sondern beziehen sich oft auf Zwecke (Warum bist du in die Küche gegangen? Um Kaffee zu kochen.) oder auf Fakten (Warum kommst du so spät? Der Zug hatte Verspätung.). Wenn es aber im ernsten Sinn um Rechtfertigungen geht, gebe ich Rechenschaft über die Orientierungen, die mein Handeln leiten. Das muss ich – zum Glück – nicht ständig tun; und ich werde es auch – hoffentlich – nicht ständig von anderen erwarten. Normalerweise wird erst dann nach den Gründen gefragt, wenn etwas an einer Handlung fragwürdig erscheint. Dann bedeutet Rechenschaft ablegen, diese problematisierte Handlung im Blick auf meine Orientierungen auszulegen. Diese Auslegung kann plausibel sein oder nicht. Bei der Selbstprüfung kann ich zu dem Ergebnis kommen, dass diese oder jene Handlung nicht zu mir passt, nicht mit meinem sonstigen Verhalten übereinstimmt.

In selteneren Fällen geht die Abwägung von Gründen meinem Handeln voraus. Ich entscheide mich nicht einfach aus einer Laune heraus für einen Beruf oder einen Umzug in ein anderes Land. Solche ernsten Fragen gibt es ebenso innerhalb einer Gesellschaft, wenn Lösungen für neue Probleme gesucht werden oder wenn alte Lösungen im Licht neuer Erfahrungen oder Erkenntnisse als fragwürdig erscheinen. In diesen Fällen besteht die Aufgabe darin, die Gründe für die Entscheidung in den Zusammenhang meiner Lebensgeschichte und meiner Selbstdeutungen zu bringen. Gleiches gilt für gesellschaftliche Probleme, deren politische und rechtliche Regelung in Zusammenhang mit bestehenden und gültigen Regelungen gebracht werden müssen (z. B. mit dem Grundgesetz).

In diesem Sinn ist es die zentrale Aufgabe der Ethik, in die Sprache der Gründe einzuführen. Es geht um die guten Gründe, mit denen ich mich gegenüber anderen Personen oder mir selbst rechtfertigen kann. Diese Gründe sind nicht vom Himmel gefallen und sie sind mir auch nicht fremd. Aber sie können sich bei einer Prüfung als bessere oder schlechtere Gründe erweisen. Eine Ethik der Sozialen Arbeit ist daher wie jede Ethik eine Arbeit an den guten Gründen.

3. Die gute Sozialarbeiterin, der gute Sozialarbeiter

Was macht eine gute Sozialarbeiterin oder einen guten Sozialarbeiter aus? Grundsätzlich lassen sich zwei Richtungen angeben, in die die Antwort zielen kann. Zum einen kann man nach der „Qualität" fragen. Dann sind die Eigenschaften und Dispositionen oder der Charakter im Blick, über welche eine entsprechende Person verfügen muss, um „gut" genannt zu werden. Zum anderen kann man das Gut-Sein von Menschen daran festmachen, ob er oder sie in seinem Handeln den Normen entspricht, die in einer sozialen Gemeinschaft gelten. Gut ist dann, wer in seinem Handeln diesen Regeln folgt. In einer modernen Terminologie spricht man dann vom „Richtigen" oder „Rechten", um diese Perspektive von der Frage nach dem „Guten" zu unterscheiden. Historisch kommen beide Perspektiven nebeneinander vor. In der Ethik der jüdischen und der christlichen Tradition z. B. finden sich Normenkataloge (wie die zehn Gebote) neben Gütern (wie Wohlergehen oder Frieden) und Tugenden (wie Mitleid oder Nächstenliebe). Gleichwohl stellt sich die Frage, ob, was gut, immer zugleich richtig ist und umgekehrt, ob, was richtig, immer zugleich gut ist. In diesem Kapitel werden wir uns vor allem der Frage nach dem Guten widmen.

KOMPETENZEN UND TUGENDEN

Was wird von einem guten Sozialarbeiter oder einer guten Sozialarbeiterin erwartet? Ein Blick in Stellenanzeigen kann darauf Antwort geben. Erwartet werden z. B. Kreativität, Engagement, Flexibilität, Teamfähigkeit, Empathie oder bestimmte Fachkenntnisse. Von den Fachkenntnissen abgesehen sind das Eigenschaften, die nicht so einfach kognitiv erworben werden können. Empathie oder Teamfähigkeit kann man sich nicht in einem Lehrbuch anlesen. Um im Beruf empathisch zu sein, muss man Empathie schon irgendwie „mitbringen". Man kann sie zwar trainieren, einüben, man kann Methoden der Gesprächsführung lernen, aber dies vollzieht sich vor allem in der und durch die entsprechende Praxis. Die Methodenkenntnis allein hilft nur wenig, man muss auch in der Lage sein, sie in richtiger und der Situation und dem Gesprächspartner oder der -partnerin angemessener Weise anzuwenden. Eigenschaften wie die genannten werden oft unter Begriffen wie „Kompetenzen" oder „Schlüsselqualifikationen" thematisiert. Um genauer herauszuarbeiten, was es mit diesen Kompetenzen auf sich hat und wie sie letztlich zu bewerten sind, lohnt ein kleiner Abstecher in die philosophische Tradition.

In der Ethik wird der Begriff der *Tugenden* verwendet, um Auskunft über die qualitativen Kriterien zu geben, die es erlauben, die Lebensführung eines Menschen als gut zu bezeichnen. Gut ist der Mensch, der über die Tugenden verfügt, die sein Leben zu einem guten Leben machen. Das deutsche Wort „Tugend" stammt wohl ursprünglich von einem Wort, das „zuverlässig" oder „aufrecht" bedeutet; gebraucht wurde es aber zumeist in einem Bedeutungsumfeld von Begriffen wie „taugen" oder „tüchtig". Wer über Tugend verfügt, ist für etwas tauglich, kann und beherrscht etwas. Das griechische Wort „arete" meint vor allem dieses Gut-Sein im Sinne von „für etwas taugen". Tugend hat zunächst keine moralische Bedeutung im engeren Sinn, sondern eine funktionale. Aristoteles kann Tugend auf die Leistung eines Zitherspielers genauso beziehen wie auf die Leistungsfähigkeit des menschlichen Auges oder eines Pferdes.

Aristoteles fragt nach den Einstellungen, die eine glückende Lebensführung in der Gemeinschaft ermöglichen. Dabei unterscheidet er dianoetische (Verstandes-) und ethische Tugenden. Diese sind weniger Eigenschaften, sondern eine bestimmte Verfasstheit, die „Tüchtigkeit" einer Person, sie bilden ihren *Habitus*, ihren Charakter. Aristoteles bestimmt die Tugend als ein *Mittleres*, wobei Mitte nicht im Sinn von arithmetischem Mittel oder sogar Mittelmäßigkeit zu verstehen ist. Vielmehr geht es um das Entsprechende, das zwischen zwei Extremen vermittelt. Dies macht Aristoteles z. B. an der Tugend der Tapferkeit deutlich: sie ist die vernünftige Mitte zwischen Feigheit einerseits und Tollkühnheit andererseits. Hier kann man sehen, dass der Tugendbegriff sich auf die „bürgerlichen" Tugenden bezieht, denn beide Extreme wären für die Gemeinschaft schädlich, der Polis nützt kein feiger Soldat, aber auch keiner, der sich unsinnigerweise selbst aufopfert. Das zeigt sich auch an anderen Tugenden, die Aristoteles beschreibt: an der Besonnenheit, am Maßhalten, an der Hochherzigkeit, an der Wahrhaftigkeit und an der höchsten Tugend: der Gerechtigkeit. Alles dies sind Charakterzüge, die einen Menschen gerade nicht als „Menschen überhaupt" auszeichnen, sondern als Bürger der Polis, als Mitbürger, das heißt als ein soziales Wesen, auf das es ankommt.

In mancherlei Hinsicht bestehen Gemeinsamkeiten zwischen Tugenden und Kompetenzen oder Schlüsselqualifikationen. Mit ihnen wird formuliert, über welche Dispositionen, Einstellungen und Fähigkeiten eine Person verfügen muss, um eine Tätigkeit qualifiziert und gut, eben kompetent, ausführen zu können. Tugenden und Kompetenzen können nicht einfach kognitiv erlernt, sondern müssen durch Übung erworben werden. Klavierspielen lernt man durch Klavierspielen. Aber es geht nicht um die sture Repetition des immer Gleichen. Man kann Dinge jahrelang verkehrt machen oder selbst durch ständige Wiederholung nie eine bestimmte Qualität erreichen. Übung ist ein reflexives Unternehmen. Man beobachtet sich selbst beim entsprechenden Tun oder lässt sich von anderen beobachten und bezieht das Beobachtete in die Wiederholung ein. Übung dient der Verbesserung der Praxis. Ein solches Perfektionsideal ist nicht unproblematisch. Es könnte alles immer noch besser gehen. Selbst eine Virtuosin – und gerade sie – wird immer weiter üben, um zum einen nicht in ihrem Können nachzulassen und zum anderen besser zu werden. Die Gefahr besteht darin, sich zu überfordern. Wer das Gefühl hat, die selbst gesteckten Standards nie erreichen zu können, gibt unter Umständen das Unternehmen auf oder flüchtet sich in Selbstmitleid mit allen möglichen destruktiven Folgen. Eine Gefahr, die auch für Professionelle in der Sozialen Arbeit besteht.

Lassen sich die Überlegungen zu Tugenden auf *Kompetenzen* übertragen? Nimmt man die aristotelische Bestimmung der Tugenden als Mitte zwischen zwei Extremen als Grundlage, lässt sich diese mit einigen Vereinfachungen zwanglos auf die Bestimmung zumindest von sogenannten Sozial- und Selbstkompetenzen anwenden. Kompetenzen lassen sich wie Tugenden als Mitte zwischen zwei Extremen darstellen. Mitte heißt in diesem Zusammenhang, situationsangemessen die Handlungsweise zu wählen, die die spezifische Situation in ihrem Kontext trifft. Kompetent handelt, wer seine entsprechenden Fähigkeiten situationsangemessen zur Geltung bringen kann. Eine kompetente Person erfasst die Besonderheiten einer Situation und eines Kontextes und stimmt ihre Handlung darauf ab. Dabei spielt das praktische Urteilsvermögen eine zentrale Rolle.

Wie dies konkret aussehen könnte, soll an einigen einfachen Beispielen kurz demonstriert werden. Nimmt man etwa die kommunikative Kompetenz, könnte man sie darstellen, indem man die Kompetenz auf einem Kontinuum abträgt und damit die möglichen Verhaltensextreme bezeichnet und ihnen idealtypische Positionen zuordnet:

Kommunikative Kompetenz

Reden   Schweigen
„Schwätzer"   „Schweiger"

Kommunikativ kompetent ist eine Person, wenn sie in spezifischen Kontexten abzuschätzen weiß, wann was wie gesagt werden muss und wann statt dessen Schweigen – und damit verbunden – aktives Zuhören der Situation angemessen ist. Die Extreme sind dann durch die Positionen des „Schwätzers" und des „Schweigers" besetzt. Eine kommunikativ kompetente Person weiß, wann sie das Wort ergreifen muss und sie weiß, wann dieses Wort seine größte Wirkung entfaltet. Es kommt bei der kommunikativen Kompetenz nicht nur darauf an, was gesagt wird, sondern vor allem darauf, was wann wem wie gesagt wird. Eine kommunikativ kompetente Person weiß, wann sie zu schweigen – und wann sie zuzuhören hat. Dies beinhaltet den Verzicht, das, was an sich richtig sein mag, dem oder den anderen zu präsentieren, wenn es in der konkreten Situation nicht weiterhilft.

Eine weitere immer wieder geforderte Kompetenz ist die Kritikfähigkeit:

Kritikfähigkeit

Widersprechen   Mitmachen
„Querulant"   „Mitläufer"

Kritikfähig ist eine Person, wenn sie in spezifischen Kontexten abzuschätzen weiß, wann widersprochen werden und wann in bestehenden Praktiken weiter- und mitgemacht werden muss. Die Extreme sind durch die Positionen des „Querulanten" und des „Mitläufers" markiert. Das Widersprechen kann sich auf vielfältige gemeinschaftliche Praktiken beziehen. Widersprochen werden kann Verhaltensweisen gegenüber anderen, aber auch Routinen und anderen eingeschliffenen Abläufen. Es kann aber nicht zu jeder Zeit alles in Frage gestellt werden, ohne die Praktiken selbst zu sabotieren. Entsprechend geht es um die Fähigkeit, an den notwendigen Stellen zu widersprechen und dabei anderes auf sich beruhen zu lassen. Dies lässt sich nicht nur auf kooperatives Handeln beziehen, sondern auch auf Beziehungen, für die Entsprechendes gilt. Gleichzeitig gehört zur Kritikfähigkeit nicht nur die Bereitschaft, an geeigneter Stelle zu widersprechen, sondern den Widerspruch anderer ernst zu nehmen und sich selbst geäußerter Kritik nicht zu entziehen.

Als eine der zentralen sozialen Kompetenzen gilt Empathie:

Empathie

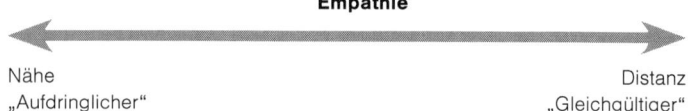

Nähe   Distanz
„Aufdringlicher"   „Gleichgültiger"

Empathisch ist eine Person, wenn sie in spezifischen Kontexten abzuschätzen weiß, wann einer anderen Person gegenüber wie viel
Nähe und wie viel Distanz angemessen sind, um sie in ihrer Situation anerkennen und damit ihr gerecht werden zu können. Die Extreme bilden die Position des „Aufdringlichen" (umgangssprachlich
des „Tauchsieders", der sich überall „hineinhängt") und die des
„Indifferenten" oder des „Gleichgültigen", dem die andere Person
bedeutungslos ist, der auf sie mit „Kälte" reagiert. Die angemessene
Mitte zwischen Nähe und Distanz kann dann eine kommunikative
Situation ermöglichen, in der die andere Person sich angemessen
wahrgenommen fühlt, um ihre Anliegen zur Sprache (wenn auch
nicht notwendigerweise verbal) kommen lassen zu können. Selbstverständlich ist dabei die kommunikative Kompetenz vonnöten, also
das richtige Maß zwischen Zuhören und Sprechen.

Diese wenigen Beispiele genügen, um deutlich zu machen,
dass sich mit Hilfe des aristotelischen Modells eine anwendbare
Fassung von sozialarbeiterischen Kompetenzen entfalten lässt. Die
Darstellung durch Kontinua ermöglicht darüber hinaus die Evaluati-
on bestimmter Kompetenzen sowohl im Sinne von Fremd- als auch
von Selbstevaluation. Damit werden Akteure in die Lage versetzt,
alternative Bestimmungen der angemessenen Mitte zu erproben,
um damit die eigene Wahrnehmungs-, Bewertungs- und Schlussfä-
higkeit zu stärken. Allerdings dürfen entsprechende Kompetenzen
nicht unabhängig von den Zielen betrachtet werden, für die sie eingesetzt werden. Kommunikative Kompetenz bedarf eines kritischen
Maßstabs, um nicht manipulativ verwendet zu werden, Empathie
darf nicht dazu verwendet werden, um Personen Informationen
zu entlocken, die sie sonst nicht preisgegeben hätten – und die
dieses auch nicht wünschten. Anders als Tugenden sind Kompe-

tenzen nicht unabhängig von der Art und dem Zweck ihres Einsatzes.

Wer legt die Tugenden- und Kompetenzkataloge fest? Wer sagt, dass eine Sozialarbeiterin teamfähig oder ein Sozialarbeiter empathisch sein soll? Bei der antiken Tugendlehre liegt die Antwort nah. Hier sind die Tugenden relativ zu einer bestimmten Lebensform, die durch die sozioökonomischen Bedingungen geprägt ist. Bei Aristoteles sind die bürgerlichen Tugenden beschränkt auf die wirtschaftlich unabhängigen Männer der städtischen Oberschicht. Für ihn wäre es undenkbar gewesen, Tugenden etwa Frauen, Kindern oder gar Sklaven zuzuschreiben. Kompetenzen im modernen Sinn sind hingegen funktional bezogen auf bestimmte – meist berufliche – Tätigkeitsbereiche. Die Kompetenzen folgen den Logiken und Methoden, die dafür jeweils einschlägig sind. Damit drängt sich die Frage auf, wie wiederum diese Logiken und Methoden gerechtfertigt werden können. Problematisch ist z. B. die Forderung nach Flexibilität. Diese ist funktional für eine Gesellschaft, in der der Arbeitsmarkt liberalisiert ist und sich die Anforderungen an die Arbeitskräfte in kurzen Abständen verändern. Aber ist das auch gut so? Überträgt man dies auf die Soziale Arbeit und deren Anforderungen an Professionelle, wird deutlich, dass eine Bestimmung der notwendigen Kompetenzen von den Vorstellungen abhängt, welche Ziele die Soziale Arbeit verfolgt und was ihre Funktion für die Gesellschaft ist. Während man bei den Tugenden die Meinung vertreten kann, sie dienten immer dem Guten, ist das bei den Kompetenzen auf jeden Fall nicht so. Wie schon bemerkt: man kann empathisch manipulieren oder teamfähig die eigene Machtposition ausbauen.

MOTIVATIONSQUELLEN

Wenn man danach fragt, ob eine Handlung oder ein Handlungszusammenhang gut ist, kann man die Antwort darauf entweder hinsichtlich des Erfolges der Handlung oder hinsichtlich der mit ihr verbundenen Absicht zu geben versuchen. Menschliche Autonomie besteht darin, sich selbst zu bestimmen. Indem ich mich selbst bestimme, werde ich zu der Person, die ich sein will. Dabei bewerte ich meine Wünsche und Absichten auf einer reflexiven Ebene. Damit werden allgemeinere Orientierungen zum Ausdruck gebracht. Diese verdichten sich zu Motiven, die dem alltäglichen Handeln seine Richtung geben. Welche Motive kommen für die Soziale Arbeit in Betracht? Was sind ihre Motivationsquellen?

Soziale Arbeit ist eine anspruchsvolle Tätigkeit, die eine besondere Motivation zur Voraussetzung hat. Befragt man Studienanfängerinnen und -anfänger danach, erhält man mehrheitlich Antworten, die in irgendeiner Weise damit zu tun haben, anderen Menschen helfen zu wollen. Genauer betrachtet, lassen sich diese Motivationen fünf Kategorien zuordnen: Altruismus, Fürsorge (Caring), Nächstenliebe, Mitleid (compassion) und Veränderung der Gesellschaft. Diese fünf Motivationsquellen sollen nun etwas genauer betrachtet werden. Danach wird erörtert, welche Probleme mit der Hilfemotivation verbunden sind.

ALTRUISMUS

Altruismus kann als Oberbegriff für alle diese Motivationen angesehen werden. In der Alltagssprache bezeichnet „altruistisch" das Handeln von Personen zum Nutzen oder zum Wohl anderer Personen. Das Gegenteil ist egoistisches Handeln, also das Handeln zum ausschließlich eigenen Nutzen. Beides sind im Alltag aber Extreme. Kaum jemand wird immer aus egoistischen Motiven handeln und kaum jemand immer aus altruistischen. Auch altruistische Personen haben eigene Interessen, ebenso sorgen sich egoistische Personen um das Wohlergehen anderer. Bezeichnet man ein bestimmtes Handeln als altruistisch, wird damit meistens gleichzeitig eine moralische Wertschätzung ausgedrückt. Umgekehrt gebraucht man „Egoist" meistens als Ausdruck der moralischen Geringschätzung. Altruismus ist jedoch kein ethischer Begriff, sondern einer der Sozialpsychologie. Deswegen ist es problematisch, ihn derart ethisch „aufzuladen". Eigeninteresse ist nicht automatisch „böse" und Altruismus nicht unbedingt „gut".

Menschen sind Lebewesen, die nur in sozialen Zusammenhängen leben können. Menschen sind auf Kooperation und Kommunikation angewiesen. Deswegen wird von manchen die Position vertreten, altruistisches Handeln gebe es nur im Sinne eines *„reziproken*

Altruismus". Menschen handeln demzufolge nur dann zum Nutzen anderer, wenn irgendeine Form von Gegenleistung zu erwarten ist. Dabei ist es nicht von Bedeutung, von wem diese Gegenleistung erbracht wird, von der konkreten anderen Person oder gesellschaftlichen Instanzen. Hinter dieser Vorstellung steht die Theorie, dass Menschen danach streben, ihren eigenen Nutzen zu maximieren. Dieses Menschenbild findet man in ökonomischen Theorien unter dem Begriff „homo oeconomicus", aber auch theoretisch ausgefeilter in soziologischen Theorien, die vom individuellen Handeln ausgehen. Handeln wird erklärt mit den Wünschen, Interessen und Zielen des Akteurs auf der einen Seite und den Erwartungen, welche davon sich wie realisieren lassen, auf der anderen. In modernen Theorien der „Rationalen Wahl" spricht man von Präferenzen und Informationen des und der Handelnden und den Restriktionen, denen das Handeln unterliegt. Von diesen subjektiven Einschätzungen ausgehend kalkuliert der Akteur dann seine Handlungen und wählt diejenigen, deren Folgen ihm den größten Nutzen zu garantieren scheinen. Unter Nutzen darf man nicht allein materiellen Nutzen verstehen, auch sozialer Nutzen, das Erreichen bestimmter Positionen und emotionaler Nutzen sind darunter zu fassen. In eine ähnliche Richtung geht die Kritik eines nur angeblich „altruistischen" Handelns, die unter dem Begriff „Helfersyndrom" die Motive helfender Personen dadurch entlarvt, dass sie „in Wirklichkeit" nur sich selbst helfen wollen und deshalb die Objekte ihrer Hilfe abhängig von ihnen machen. In der psychologischen und sozialpsychologischen Forschung gibt es allerdings keine allgemein anerkannten Theorien, die abschließend deutlich machen, welche Faktoren situativer, sozialisatorischer oder persönlichkeitsstruktureller Art altruistisches Verhalten erwartbar werden lassen.

Fürsorge, Caring

Die Orientierung am Wohl oder Nutzen anderer Personen wird in anderen Zusammenhängen als Sorge, Fürsorge oder Caring bezeichnet. Diese Begriffe können leicht missverstanden werden. „Sorge" kann unterschiedliches bedeuten. Man kann sich um etwas oder für jemanden sorgen. Wenn man sagt, dass man Sorgen hat, bezieht man sich auf Probleme oder auf Dinge, die einen ängstigen. Das kann die Sorge um einen anderen Menschen und deren oder dessen Wohlergehen sein. Das Sorgen für jemanden hingegen bedeutet, dass man sich die Angelegenheiten einer anderen Person zu eigen macht. Man „kümmert" sich dann um diese Person, indem man ihr bestimmte Dinge abnimmt oder sie unterstützt. In diesem Sinn ist die Sorge für andere „Für-Sorge". Allerdings ist dieser Begriff insbesondere in der Sozialen Arbeit negativ besetzt. Spricht doch aus ihm eine Tradition, die man überwunden hat oder zumindest glaubt, überwunden zu haben. Trotzdem hat dieser Begriff weiter seine Berechtigung, weil mit ihm deutlicher als mit „Sorge" der personale Aspekt bezeichnet wird. Der Philosoph Martin Heidegger hat den Fürsorgebegriff näher analysiert. Er unterscheidet in etwas altertümlich anmutender Sprache zwischen „einspringender" und „vorausspringender" Fürsorge. *Einspringende Fürsorge* ist durchaus wörtlich zu verstehen. Bei ihr nimmt die sorgende Person die Stelle der Person ein, für die sie sorgt. Sie nimmt ihr Dinge ab, die diese nicht, nicht mehr oder noch nicht selbst „besorgen" kann. Diese Art der Fürsorge reicht vom Wickeln eines Babys bis zum Essenreichen für Kranke, in der Sozialen Arbeit von der Hilfe zum Lebensunterhalt bis zur Fremdunterbringung. Offensichtlich ist die einspringende Fürsorge unter bestimmten Umständen notwendig. Gleichzeitig ist aber klar, dass die Person, für die so gesorgt wird, zurückgesetzt wird. Sie bestimmt in Teilen nicht mehr über ihre eigenen Angelegenheiten. *Vorausspringende Fürsorge* hingegen richtet sich nicht auf die Dinge, die „besorgt" werden müssen, sondern auf die Person selbst. Sie hilft ihr, ihre eigenen Angelegenheiten selbst wahrzunehmen. Es geht bei ihr darum, die Person zu bemächtigen, für sich selbst zu sorgen. Im Alltag, auch im Alltag der Sozialen Arbeit, wird man diesen beiden Arten der Fürsorge kaum in Reinkultur begegnen. In der Regel wird es um Mischformen gehen, bei denen die sorgende Person abschätzen können muss, wie viel einspringende Fürsorge der oder die andere bedarf und wie viel vorausspringende Fürsorge ihr zugetraut werden kann. Die Risiken beider Arten der Fürsorge liegen auf der Hand: einspringende Fürsorge kann bis zur „Entmündigung" führen, die entsprechende Person verliert die Kompetenzen, die sie zur eigenständigen Lebensführung braucht; vorausspringende Fürsorge kann die entsprechende Person überfordern bis hin zum Scheitern der eigenen Lebensführung.

Eine Alternative für die Begriffe Sorge und Fürsorge ist der englische Begriff des „Caring". Er entstammt der feministischen Ethik. Ausgangspunkt waren die Untersuchungen von Carol Gilligan. Diese war eine Mitarbeiterin des amerikanischen Psychologen Lawrence Kohlberg, der in der Tradition Jean Piagets Untersuchungen zur Entwicklung der moralischen Urteilsfähigkeit von Kindern und Jugendlichen gemacht hat. Diese Untersuchungen führten zur Formulierung eines sechsstufigen Schemas. Gilligan machte die Beobachtung, dass bei den Interviews Mädchen und Frauen im Durchschnitt „schlechter" abschnitten als Jungen oder Männer; dass also Mädchen und Frauen tendenziell auf einer niedrigeren Stufe der moralischen Entwicklung verharrten als die männlichen Probanden. Nun werden auch Männer kaum die These vertreten, sie seien moralischer als Frauen. Wenn von der moralischen Überlegenheit der Männer nicht ernsthaft zu reden ist, woher kommt dann das irritierende Ergebnis von Gilligans Untersuchungen? Ihr zufolge urteilen Frauen nicht etwa moralisch „schlechter" als Männer, sondern „einfach anders". Mädchen und Frauen orientieren sich nicht an gerecht/ungerecht wie Jungen und Männer, sondern an der Sorge und Fürsorge für andere. Bei ihnen vorgelegten Fallbeispielen argumentieren männliche Probanden eher auf der Ebene der Abwägung von Ansprüchen und Rechten, die zu einem gerechten Ausgleich gebracht werden müssen. Probandinnen entschlüsseln das Problem hingegen auf der Ebene der personalen Beziehungen, die eine eigene Geschichte haben. Es geht ihnen um Einsicht, um Empathie, um gegenseitige Verantwortlichkeiten, um Beziehungsstrukturen und eine gemeinsam ausgehandelte Lösung des Problems.

Wie ist nun Caring angemessen zu beschreiben? Für Gilligan stellt Care sich als ein Prinzip dar, das in emotionalen Bindungen wurzelt. Andere Autorinnen verstehen Care als eine Einstellung, die als Modell die Mutter-Kind-Beziehung hat. In diesem Sinn ist die Care-Ethik eine Tugendethik, die sich aus der Praxis des Sorgens in asymmetrischen Beziehungen ergibt. Für andere ist Care eine gesellschaftliche Praxis. Sie ist jene Aktivität, die alles umfasst, was wir tun, um unsere Welt zu verändern, zu erhalten und instand zu setzen; darunter fallen auch berufliche Tätigkeiten. Wieder andere verstehen Care als das Erfüllen von Bedürfnissen einer anderen Person, die diese sich nicht selbst erfüllen kann, das, was wir zuvor als einspringende Fürsorge beschrieben haben. Care ist dann eine Interaktion zwischen einer versorgenden und einer zu versorgenden Person.

Die Probleme, die mit der Care-Orientierung verbunden sind, lassen sich in vier Kritikpunkten zusammenfassen. Zum einen werden gleichsam „natürliche" Vorstellungen von Weiblichkeit fortgeschrieben. Die soziale Konstruktion aller Geschlechterverhältnisse wird nicht beachtet. Zum zweiten wird bei vielen Care-Ansätzen das *Verhältnis von Fürsorge und Selbstsorge* nicht thematisiert. Drittens gehen Care-Ansätze implizit oder explizit von asymmetrischen Beziehungen aus. Oft wird übersehen, dass diese durch Machtstrukturen charakterisiert sind. Das kann in Familien ebenso der Fall sein wie im Alltag der Sozialen Arbeit. Schließlich gibt es in Care-Ansätzen eine Spannung zwischen Sorge/Fürsorge und Gerechtigkeit. Somit stellt sich das Problem, wie die mit der konkreten Care-Beziehung gegebene Parteilichkeit und Partikularität einzuschätzen ist. Auch Parteilichkeit hat einen zwiespältigen Charakter. So kann z. B. Parteilichkeit für den Klienten oder die Klientin heißen, alles Mögliche für sie oder ihn zu tun. Das kann mit dessen oder deren Selbstbestimmung kollidieren; es kann aber auch bedeuten, sich mit dem Willen des Klienten oder der Klientin zu identifizieren. Solche Komplizenschaft ist jedoch mit einem professionellen Selbstverständnis schwer zu vereinbaren.

Nächstenliebe

Eine weitere Motivationsquelle für Sozialarbeiterinnen und -arbeiter wird meist eher kritisch gesehen: das aus der christlichen Tradition stammende Motiv der Nächstenliebe. Das hat historische Gründe. Stark gemacht wurde dieses Motiv im 19. Jahrhundert im Rahmen der Gestaltung der kirchlichen Diakonie als Vereinsdiakonie. Diese hatte ihre Wurzeln in der sogenannten Erweckungsbewegung. Ihr Kennzeichen ist die Verbindung des persönlichen Glaubens an Jesus

Christus mit der praktizierten Nächstenliebe. Beispielhaft geworden ist dies in der kirchlich organisierten Krankenpflege durch Diakonissen. Dort verbindet sich in besonderer Weise ein ganz besonderes Nächstenliebeideal mit bürgerlichen Weiblichkeitsvorstellungen. Die Diakonisse als Magd Christi dient mit ihrer Tätigkeit sowohl den Kranken als auch Jesus Christus. Ähnliche Vorstellungen wie in der Pflege finden sich in der zeitgenössischen Sozialen Arbeit. Deswegen wird in feministischen Ansätzen das zugrunde liegende Ideal als „vergesellschaftete Weiblichkeit" bezeichnet. In diesem Kontext wirkt aus heutiger Sicht die Nächstenliebemotivation als eine Ideologie, die patriarchale Herrschaft legitimiert und zur Unterordnung der „Frauenberufe" wie Krankenpflege und Sozialarbeit führt. Das Verständnis der Nächstenliebe als Dienst am Nächsten, der Unterordnung und Selbstaufgabe verlangt, wurde damit begründet, dass ein grundlegender Unterschied zwischen Nächsten- und Selbstliebe, in anderen Worten: zwischen der Sorge für den Nächsten und der Selbstsorge, besteht. Meist wurde die Selbstliebe als Ausdruck der Sünde, ja als zentrale Gestalt der Sünde überhaupt interpretiert, der die Selbstlosigkeit als christliches Ideal gegenübergestellt wurde.

Aber ist das eine zutreffende Interpretation der christlichen Nächstenliebe? Ein Blick in die klassischen Texte der Bibel zeigt schnell, dass die Sorge um sich selbst als selbstverständlich vorausgesetzt wird. Außerdem besteht die Grundstruktur der Nächstenliebe nicht in einem Ungleichgewicht zwischen Selbst- und Nächstenliebe, sondern in ihrer Wechselseitigkeit. Die „Goldene Regel" (Wie du behandelt werden willst, so behandle du die anderen!) und das Gebot der Nächstenliebe bedingen sich wechselseitig. Weder zielt die Nächstenliebe auf die selbstlose Aufopferung zugunsten eines anderen, noch meint die Wechselseitigkeit der Goldenen Regel eine einseitig zweckrationale Kalkulation des eigenen Vorteils. Die biblische Nächstenliebe wird missverstanden, wenn man sie als ein besonderes Gefühl versteht. Sie ist auf Handeln bezogen und nicht auf ein Gefühl der Sympathie. Nicht zuletzt besteht ein Zusammenhang zwischen Nächstenliebe und Gerechtigkeit.

Der klassische Text, der zeigt, was unter Nächstenliebe zu verstehen ist, ist die Beispielerzählung vom *„Barmherzigen Samariter"* im

Neuen Testament (Lukas 10, 25-37). Die Geschichte wird erzählt als Antwort auf die Frage: „Wer ist denn mein Nächster?" Sie schildert, wie ein Reisender von Räubern überfallen, ausgeraubt und geschlagen am Wegrand liegen bleibt. Zunächst eilen zwei religiöse Funktionäre vorbei – und lassen ihn liegen. Schließlich kommt ein Samariter, ein Angehöriger einer wenig angesehenen Bevölkerungsgruppe, vorbei. Er hat Mitleid, versorgt den Verletzten als Ersthelfer und bringt ihn in eine Herberge. Dort bezahlt er den Wirt für dessen Pflege. Die Pointe der Geschichte ist, dass der Nächste, dem die Nächstenliebe gilt, die Person ist, die aktuell helfende Zuwendung benötigt. Darüber hinaus zeigt die Geschichte, dass es nicht in erster Linie um ein bestimmtes Gefühl geht, auch wenn der Samariter Mitleid verspürt. Zentral ist die helfende Handlung. Die wiederum kann auch an Professionelle delegiert werden. Deshalb läuft der häufig genannte Einwand, Liebe lasse sich nicht befehlen, ins Leere. Bestimmte Gefühle können nicht gefordert werden, bestimmte Handlungen jedoch schon. Eine weitere Facette zeigt sich an der Geschichte: Obwohl aus christlicher Sicht das Nächstenliebegebot universell gilt, wird es immer kontextuell angewendet, in einer bestimmten Situation gegenüber konkreten Personen. Damit ist die Reichweite des Nächstenliebegebots so groß wie die Reichweite des Handelns selbst. In dem Maße, wie Handlungszusammenhänge in modernen Gesellschaften organisiert und institutionalisiert sind, erweitern sich die Möglichkeiten eines Handelns, das sich an Nächstenliebe orientiert.

Allerdings ist kritisch anzumerken, dass sich die Kirchen häufig nicht an die eigenen Maßstäbe gehalten haben und auch heute nicht halten. Zudem besteht bei helfendem Handeln grundsätzlich die Gefahr des Paternalismus, des bevormundenden Handelns zum Wohl des anderen. Wir kommen auf diese Problematik im fünften Kapitel ausführlicher zu sprechen.

MITLEID

Das Motiv des Mitleids fristet in der ethischen Diskussion ein Schattendasein. Die meisten einschlägigen Nachschlagewerke führen den Begriff nicht einmal auf. Ein Grund dafür ist, dass die ethische Tradition in weiten Zügen rationalistisch geprägt ist, also vor allem von der Vernunft Antworten auf die moralische Frage erwartet. Mitleid ist in der deutschen Sprache ein relativ junges Wort. Es ist die wörtliche Übersetzung des griechischen Begriffs „sympatheia" und des lateinischen „compassio". Es bezeichnet den Affekt des Mit-Leidens und Mit-Fühlens mit der Not eines anderen Menschen oder einer anderen Kreatur. Weil es „nur" Gefühl ist, wurde das Mitleid als Quelle der Moral von der in der Antike weit verbreiteten ethischen Schule der Stoa rigoros abgelehnt. Stattdessen soll sich eine moralische Person allein durch die Vernunft leiten lassen und alle Emotionen durch die Vernunft bezwingen. Erst in der christlichen Theologie und Philosophie des Mittelalters wird das Mitleid, nun in der Form der Tugend der Barmherzigkeit, wieder geschätzt. Mit der Aufklärung jedoch gewinnt der Rationalismus wieder Überhand. Die Ausnahme bildet die englische Philosophie jener Zeit. Autoren wie David Hume oder Adam Smith sehen im Gefühl des Mitleids die Wurzel jeder Moral, denn diese ist in moralischen Empfindungen begründet. Zentral dabei ist die Perspektivenübernahme. Im Mitgefühl versetze ich mich in die Position der leidenden Person. Allerdings ist die Begründung der Moral durch Gefühle nicht unproblematisch. Wenn man davon ausgeht, dass es moralische Gefühle gibt, schließt man automatisch ein, dass es auch unmoralische Gefühle gibt. Nur, wie ist das eine von dem anderen zu unterscheiden, wenn keine anderen Kriterien als eben die Emotionen selbst zugelassen sind? Die ganze Bandbreite „negativer" Emotionen wie Hass, Neid oder Gier wären so nicht als negativ zu bewerten. Zudem kann die gleiche Tatsache unterschiedliche Emotionen hervorrufen. Manche Menschen reagieren auf Armut nicht mit Mitleid, sondern mit Abscheu. Nicht zu selten ist beides miteinander verbunden.

Die Zwiespältigkeit des Mitleids kommt darin zum Ausdruck, dass es auf der einen Seite zwar so etwas wie ein Gefühl der „Solidarität mit der gequälten Natur" begründen kann. Andererseits wird der Mitleidsorientierung – auch in der Sozialen Arbeit – oft unterstellt, sie tendiere dazu, unmenschliche Zustände nur zu mildern statt sie abzuschaffen.

Veränderung der Gesellschaft

Die Motivation, die gesellschaftlichen Verhältnisse zu ändern, ist daher eine weitere Motivationsquelle in der Sozialen Arbeit. Sie steht in der Tradition der Kapitalismuskritik durch die sozialistische Bewegung. Allerdings standen Soziale Arbeit und Arbeiterbewegung im 19. Jahrhundert in vielerlei Hinsicht in einem Spannungsverhältnis. Die sich in dieser Zeit entwickelnde Sozialpolitik, von der die Soziale Arbeit ein Teil geworden ist, hat zum Ziel, die Arbeits- und Lebensbedingungen der „ausgebeuteten und unterdrückten Klassen" zu mildern, um diese in die Gesellschaft zu integrieren. Dies wurde von Vertretern der Arbeiterbewegung immer wieder als Versuch gedeutet, einen Kompromiss zwischen Kapital und Arbeit herzustellen. Dem gegenüber stand die Überzeugung, nur die radikale Veränderung der Produktionsverhältnisse könne Abhilfe schaffen. Diese Überzeugung ist innerhalb der Sozialen Arbeit erhalten geblieben. Eine besondere Aktualität gewann sie in den siebziger Jahren im Anschluss an die Studentenbewegung. Auch dort ging es um den Gegensatz zwischen Reform und Revolution. Reformbemühungen standen unter dem Verdacht, nur die Reparatur des Kapitalismus zu betreiben. Diese Debatte hatte in dieser Zeit massive Auswirkung auf die Frage des Selbstverständnisses der Sozialen Arbeit als entweder revolutionäre Praxis oder als auf das Individuum bezogene helfende Handeln. In verschiedenen Nuancen findet sich diese Spannung zwischen Hilfe und Veränderungen in der sozialarbeitswissenschaftlichen Debatte und der sozialarbeiterischen Praxis bis heute wieder.

Nicht allgemein, aber im Blick auf die hier verhandelte Frage der Motivationsquellen stellt sich die Frage, woraus sich der Impuls zur Veränderung der Gesellschaft speist. Zumal die Praktikerinnen und Praktiker der Sozialen Arbeit zum größten Teil gerade nicht den benachteiligten Gruppen der Bevölkerung angehören. Gleichwohl sind die Professionellen der Sozialen Arbeit geprägt durch Hintergrundvorstellungen, die vom sozialen Milieu, aus dem sie entstammen, oder aus der Kritik an eben diesem Milieu geprägt sind. Das Selbst- und Weltbild ist dabei häufig in hohem Maße von moralischen Grundsätzen bestimmt. Eine große Rolle spielt dabei mit Sicherheit der Gerechtigkeitssinn. Dieser erwächst in der Regel aus einer schon bestehenden Praxis, sei es in politisch oder religiös motivierten Gruppen. Die Berufswahl folgt dann dem Wunsch, das eigene Engagement beruflich weiterführen zu können. Damit stellt sich die Frage, wie berufliche Tätigkeit und eigene Lebensführung miteinander in Verbindung stehen.

Verhältnis zur eigenen Lebensführung

Von Angehörigen bestimmter Berufsgruppen wird erwartet, dass ihr Privatleben mit dem, was sie in der Öffentlichkeit vertreten und verkörpern, in Einklang steht. Das ist in besonderer Weise bei Pfarrerinnen so, aber auch bei Berufspolitikern. Vor nicht allzu langer Zeit galt das ebenfalls für die Vertreterinnen und Vertreter der klassischen Professionen (neben den Geistlichen sind Ärztinnen oder Juristen zu nennen). Die Erwartungen an den Lebenswandel decken nicht immer die ganze Lebensführung ab. So spielt es in Deutschland in der Regel keine Rolle, wie das Sexualleben von Politikerinnen und Politikern aussieht, und selbst alkoholisierte Fahrten mit dem PKW werden – zumindest in einigen Bundesländern – nicht moralisch sanktioniert.

Wie sieht es hier bei Sozialarbeiterinnen und Sozialarbeitern aus? Die Selbststilisierung der Sozialen Arbeit als „moralische Profession" scheint nahezulegen, dass von den Professionellen hohe moralische Standards erwartet werden. Diese Standards prägen nicht selten das Selbstbild von Sozialarbeiterinnen und Sozialarbeitern. Sie verstehen sich als die „Guten", die der Gesellschaft einen wichtigen, jedoch nicht ausreichend anerkannten Dienst leisten. Ein Selbstbild, das sie mit anderen Berufsgruppen, etwa der Polizei, teilen. Zwar stehen Sozialarbeiterinnen und Sozialarbeiter nicht so im Rampenlicht wie Geistliche oder Politikerinnen und Politiker, aber zumindest der eigene Berufsstand, aber auch manche Träger der Sozialen Arbeit, erheben Ansprüche hinsichtlich der Lebensführung. Nur einfach zu sagen: „Das geht die aber nichts an!" greift dann zu kurz, wenn die Soziale Arbeit selbst hohe moralische Ansprüche an andere stellt. Wer moralisch argumentiert, bindet sich selbst an die vertretenen Standards. Es ist schwer, sich der moralischen Beurteilung entzie-

hen zu wollen, wenn man selbst moralisch urteilt. Darum ist das Insistieren auf moralischen Ansprüchen immer riskant. Wer als Träger
Sozialer Arbeit für Mitbestimmung und soziale Gerechtigkeit plädiert,
aber diese seinen Beschäftigten nicht gewährt, macht sich unglaub-
würdig. Gleiches gilt zwischen Professionellen und ihren Klientinnen und Klienten. Wer diesen mit moralischen Ansprüchen kommt,
braucht sich nicht zu wundern, wenn ihm das eigene Verhalten –
sei's zu Recht oder zu Unrecht – entgegengehalten wird. Die nötige
Kooperationsbasis wird dann beeinträchtigt, wenn nicht gar zerstört.

Ansprüche werden auch von Angehörigen der eigenen Berufs-
gruppe gestellt. Muss sich z.B. eine Sozialarbeiterin, die in der
Flüchtlingsberatung tätig ist, politisch in diesem Bereich betätigen?
Als Professionelle sollte sie das. So kann sie Netzwerke und wichtige
Beziehungen aufbauen. Muss sie das aber auch als Privatperson
tun? De facto engagieren sich viele privat im jeweiligen Arbeitsfeld.
Häufig fließen berufliches und privates Engagement zusammen und
sind nicht mehr klar voneinander zu trennen. Wird die Erwartung,
sich „privat" zu engagieren, von Trägern von Einrichtung geäußert,
ist sie problematisch. So wurde lange Zeit von kirchlichen Beschäftigten nicht nur erwartet, dass sie der jeweiligen Konfession ange-
hörten, sondern auch, dass sie sich entsprechend religiös betätig-
ten. Ähnliches ist von gewerkschaftsnahen Einrichtungen bekannt.
Selbstverständlich kann ein Arbeitgeber, der ein spezifisches Selbstverständnis hat, erwarten, dass sich seine Beschäftigten in einem
gewissen Rahmen mit seinen Überzeugungen und Zielen identifizieren. Zur Debatte steht, wie weit oder eng dieser Rahmen ist. Jedoch
werden Erwartungen an das Engagement nicht nur von den Trägern
formuliert. Nicht selten sind es die Professionellen selbst, die solche
Vorstellungen von der eigenen Verantwortlichkeit haben. Problematisch kann dies werden, wenn die berufliche Sache zur eigenen wird
und umgekehrt.

Das Problem, das Sozialarbeiterinnen und -arbeiter lösen müssen, liegt darin, eine Balance zwischen Engagement und professioneller Distanz zu finden. Ohne Engagement droht die Gefahr, die
Arbeit und die in sie involvierten Betroffenen nur zu verwalten. Ohne
professionelle Distanz droht ein Verlust der Fachlichkeit, weil sonst

eine unvoreingenommene Analyse des jeweiligen Falles und seines Kontextes nicht gelingen kann. Wie bei den oben diskutierten Kompetenzen ist eine situativ angemessene Mitte zu finden.

Bislang standen die Sozialarbeiterinnen und -arbeiter im Fokus dieser Überlegungen. Es ging um deren Kompetenzen und Motivationsquellen. Jedoch verrichten die Professionellen ihre Arbeit nicht einsam je für sich. Sie haben Kolleginnen und Kollegen, Vorgesetzte, Ansprechpartner in den kommunalen Verwaltungen und anderswo. Und sie haben Klientinnen und Klienten. Dem Verhältnis zu diesen Personengruppen werden die nächsten Kapitel nachgehen.

4. DIE GUTE KLIENTIN, DER GUTE KLIENT

„Soziale Arbeit als Beruf fördert den sozialen Wandel und die Lösung von Problemen in zwischenmenschlichen Beziehungen, und sie befähigt die Menschen, in freier Entscheidung ihr Leben besser zu gestalten." Mit diesem Satz beginnt die Definition der Sozialen Arbeit durch den IFSW (International Federation of Social Workers) aus dem Jahr 2000. Damit löst sich die Soziale Arbeit von Defizitmodellen, die in erster Linie bei fremd- oder selbstverursachtem Elend ansetzen, und favorisiert ein Modell der Praxis, das lösungsorientiert ist und auf eine freie Lebensgestaltung zielt. Die Praxis der Sozialen Arbeit wird dabei durch die Verben „fördern" und „befähigen" charakterisiert. So wird die eigentlich selbstverständliche Einsicht vorausgesetzt, dass Menschen ihr Leben nur selbst führen können und müssen – auch wenn sie dabei auf andere und auf gesellschaftliche Rahmenbedingungen angewiesen sind. Menschen müssen ihr Leben – handelnd – selbst führen. Aber sie können es nicht alleine tun. Die Aufgabe der Sozialen Arbeit ist, bei Problemen der Lebensführung die Menschen und ihre Beziehungen zu unterstützen. Deshalb muss zunächst gefragt werden, wie sich ein angemessenes Konzept der Lebensführung beschreiben lässt.

Die Perspektive der Sozialen Arbeit ist die gesamte Lebensführungspraxis von Personen mit ihren verschiedenen Dimensionen. Diese sind: die Sinnzuschreibungen, mit denen Menschen ihr Leben deuten, es sind die Lebensmittel – im weiteren Sinn –, die sie für ihre Lebensführung benötigen, und es sind die Lebensordnungen, die institutionalisierten Rahmenbedingungen, mit denen sie ihrem Zusammenleben Strukturen, Stabilität und Dauer, also Nachhaltigkeit, verleihen können.

Sinnzuschreibungen

Mit Sinnzuschreibungen ist allenfalls am Rande das gemeint, was als „Sinn des Lebens" bezeichnet wird. Es geht in der Regel nicht um letzte Sinnerfahrungen, sondern um die Bedeutungen, mit denen das alltägliche Erleben und Handeln in einen Zusammenhang gebracht werden. Menschen müssen die Welt erst zur Wirklichkeit für sich machen. Sie müssen sie deuten, sie mit Bedeutungen versehen und so zu ihrer Welt gestalten. Beim Gebrauch von Sinn geht es um *Zusammenhänge*, um *Anschlussfähigkeit*. Der Alltag muss, wie man umgangssprachlich sagt, „auf die Reihe" gebracht werden. Das gelingt selbstverständlich nicht immer. Insbesondere die Ereignisse, die sich nicht einfach in den Zusammenhang einreihen lassen, müssen „verarbeitet" werden. Verarbeiten bedeutet, sie müssen so interpretiert werden, dass ich sie mir als Ereignisse aneignen kann. Am Beispiel einer nicht bestandenen Klausur: Ich kann das Ergebnis deuten, indem ich sage, ich hätte mehr lernen sollen oder der Dozent habe überzogene Ansprüche gestellt oder das Studium sei sowieso nichts für mich oder meine Beziehungsprobleme hätten mir den Kopf vernebelt. Es geht dabei nicht um wahr oder falsch, sondern darum, dass ich das, was ich erlebe und tue, verstehen kann. Das Verstehen ist notwendig, um Anschlüsse zu ermöglichen, um an das Geschehene anknüpfend weitermachen zu können. Nicht nur der Alltag, auch die größeren Lebenszusammenhänge bedürfen der sinnvollen Einordnung. Wobei zu betonen ist, dass „sinnvoll" nicht gut und vernünftig meint, sondern allein anschlussfähig. Probleme

der Lebensführung entstehen genau dann, wenn ein solcher Anschluss nicht mehr möglich scheint. Bildlich gesprochen, wenn ich
das Gefühl habe, in einer Sackgasse zu sein.

Da Menschen ihr Leben deutend führen, geht es bei der Unterstützung in Krisensituationen immer auch um die Deutungen, mit
denen Menschen ihrem aktuellen Erleben und Handeln Sinn zuschreiben oder diesen nicht erkennen, also keinen Zusammenhang
herstellen können. Ihre Deutungen sind für eine Person nicht immer
produktiv, im Gegenteil, sie können Probleme verschärfen oder erst
entstehen lassen. Das in der Soziologie bekannte Thomas-Theorem
bringt dies auf den Punkt: Wenn Menschen eine Situation als real
definieren, wird sie in ihren sozialen Konsequenzen real sein. Selbst
wenn Menschen Ressourcen haben, werden sie diese nicht nutzen,
wenn sie nicht glauben, dass sie sie haben. Worauf es ankommt,
ist eine möglichst angemessene Deutung der Situation zu erarbei-
ten. Denn in der Regel trifft die Umkehrung dieses Satzes nicht zu:
Selbst wenn Menschen keine Ressourcen haben, können sie diese
nutzen, wenn sie glauben, dass sie sie haben. Dahinter verbirgt sich
die problematische Denke-positiv-Ideologie, die oft eine Parodie des
sarkastischen Mottos ist: Du hast zwar keine Chance, aber nutze sie!
Allerdings gehört zur Deutung der Situation ebenso, Potentiale zu
erkennen, wie die Möglichkeit, neue Ressourcen zu erwerben oder
bestehende neu zu erschließen.

Sinnzuschreibungen beziehen sich nicht allein auf Vergangenheit
und Gegenwart, sondern auch auf die Zukunft. Sie formulieren das,
worauf eine Person hofft oder was sie fürchtet. Zugespitzt: Sie sind
Gelingensbilder und Schreckensvisionen. Beide Vorstellungen sind
folgenreich für das gegenwärtige Entscheiden und Handeln. Normalerweise verfügen Menschen über beide Vorstellungen, die vom Gelingen und die vom Scheitern. Auf Zukunft gerichtete Sinnzuschreibungen können sich als realistisch oder unrealistisch erweisen.
Hoffnungen können halt- und Befürchtungen grundlos sein; trotzdem
wirken sie sich darauf aus, wie ein Mensch seine Situation definiert
und entsprechend handelt.

LEBENSMITTEL

Mit Lebensmitteln sind alle *Ressourcen* gemeint, die Menschen benötigen, um ihr Leben – möglichst gut – führen zu können. Es geht nicht um ein notwendiges Minimum, sondern darum, was ein Leben in Würde erfordert. Die Menschenrechtsentwicklung in der Moderne hat sich ausführlich der Frage gewidmet, welche Elemente nötig sind, um ein menschenwürdiges Leben zu ermöglichen, und welche Form die entsprechenden Anspruchs- und Schutzrechte annehmen müssen. Den Kern der Menschenrechte bilden Freiheit, Gleichheit und Teilhabe, in den zugeordneten Rechten geht es um Selbstbestimmung, Realisierungschancen und Durchsetzungsmöglichkeiten. Für unseren Zusammenhang sind vor allem die Teilhaberechte von Bedeutung. Mit ihnen soll den Individuen der Zugang zu den wirtschaftlichen, sozialen und kulturellen Kollektivgütern garantiert werden, zu Arbeit, Bildung, Gesundheit, Kultur und nicht zuletzt zu den helfenden Ressourcen, die im Gemeinwesen gegeben sind. Für die eigene Lebensführung ist die Zugangsmöglichkeit zu diesen Gütern eine notwendige Voraussetzung. Wie sich dieser Zugang gestaltet, hängt von den Kontingenzen der Lebensgeschichten ebenso ab, wie von den sozio-strukturellen Rahmenbedingungen. Kontingenz bedeutet, dass mit jeder Gelegenheit, die wahrgenommen wird, andere ausgeschlossen werden, die zu einer anderen Entwicklung geführt hätten. Deshalb ist der Umgang mit diesen Lebensmitteln abhängig von den Sinnzuschreibungen, die jemand für sein Leben formuliert. Ebenso wirken die verfügbaren Lebensmittel selbst auf die Sinndeutungen zurück. Wichtig für die Praxis der Sozialen Arbeit ist deshalb, dass die Lebensmittel nicht sinn-los sind. Es geht nicht nur um (Geld-)Leistungen oder andere Hilfen. Auch diese sind eingelassen in einen Sinnzusammenhang, der den Gebrauch dieser Ressourcen beeinflusst oder gar bestimmt.

LEBENSORDNUNGEN

Schließlich geht es um die Lebensordnungen. Obwohl diese Ordnungen prinzipiell notwendig sind, folgen die Menschen deren Normen nicht gleichsam von Natur aus. Das kaum vorstellbare Maß

von Zwang und Gewalt, von Macht und Herrschaft, das gattungsge-
schichtlich notwendig war und ist, um Menschen den herrschenden
Ordnungen „folgsam" zu machen, verweist auf die Angst der Herrschenden, anders sei den „natürlichen" Überlebensimperativen und
den mit ihnen vielfältig verschränkten „sozialen" Funktionszwängen
nicht zu entsprechen. So verweist der natürlich-soziale Gewaltbedarf
selbst auf die Freiheit der Menschen, es anders machen zu können.
Die menschliche Freiheit erschließt sich auch über das Maß des
Zwanges, den sie offenbar erforderlich macht. Alle wissen, dass alle
auch anders handeln könnten; alle könnten nicht folgsam oder nicht
hinreichend angepasst sein. Dieses Wissen erzeugt bei allen Ge-
sellschaftsmitgliedern Angst, da die individuelle Lebensführung ein
hohes Maß an Sicherheit, Gewissheit und Zuverlässigkeit braucht.
Freiheit und Zwang gehören in menschlichen Gemeinschaften zusammen. Beide sind notwendig, um die Lebensbedingungen einer
Gemeinschaft zu gewährleisten. Zwar muss es eine gewisse Ordnung des Zusammenlebens geben, damit ist aber noch keine bestimmte Befolgung erfordernde und gebietende Ordnung legitimiert.
   Treten Probleme in der Lebensführung auf, sind in der Regel alle
drei Dimensionen betroffen: die Sinnzuschreibung, die Lebensmittel und die Lebensordnungen. Störungen in einem Bereich ziehen
Verwerfungen in den anderen nach sich. Deshalb greifen sozialarbeiterische Interventionen, die nur auf eine Dimension zielen, meist
zu kurz. Dies trifft umso mehr zu, als die Betroffenen ihr Leben
nur selbst führen können. Es geht immer zuerst um deren Deutungen, um deren Mittel zum Leben und um deren Ordnungen. In
der Sozialen Arbeit wird dies häufig so formuliert, dass die Klientinnen und Klienten als Ko-Produzenten tätig werden müssen, sollen die Probleme der Lebensführung bewältigt werden. Sie müssen
das Bewusstsein haben, ihre Situation verändern zu können. Das
hat eine subjektive und eine objektive Komponente. Die objektive
besteht darin, bestimmte Ressourcen und Kompetenzen zu besitzen, die subjektive darin, beide nicht nur zu besitzen, sondern sie
auch zu kennen und anzuerkennen. Empowerment-Ansätze beziehen sich auf beides: Das Entdecken und das Fördern von Ressourcen und Kompetenzen und auf das Bewusstsein, diese zu

haben und einsetzen zu können. Das eine bleibt ohne das andere
wirkungslos.

Eigensinn und Compliance

Die Probleme, die sich daraus in der professionellen Praxis ergeben,
liegen auf der Hand. Was ist, wenn die Deutungen der professionellen Sozialen Arbeit und die der Betroffenen nicht zur Deckung
zu bringen sind? Dieses Problem wird häufig unter dem Begriff der
Compliance thematisiert. Die Betroffenen sollen auf die Empfehlungen und Verhaltensregeln, die ihnen Experten vorlegen, so reagieren, dass sie diese als eigene Maßstäbe übernehmen. Dazu gehört,
gewissermaßen als erste Compliance-Pflicht, die Übernahme der
Klientenrolle, also die Anerkennung einer Asymmetrie zwischen
Professionellen und Laien. Klienten sollen die Vorstellungen darüber,
was es heißt, ein gutes Leben zu führen, als eigene übernehmen –
und gerade das geschieht häufig nicht. Denn die Deutungsschemata
von Professionellen und ihren Klienten stimmen nicht immer überein,
sie haben einander widersprechende Vorstellungen von einem guten
Leben. Die Aufgabe für beide Seiten, für Klientinnen und Klienten
und für Professionelle, besteht darin, die unterschiedlichen Orientierungen und Deutungen zunächst einmal zu artikulieren. Das ist nicht
einfach, da Menschen oft unklare und nicht explizite Vorstellungen
haben, die ihnen zudem nicht deutlich bewusst sind. Die Sozialarbeiterin oder der Sozialarbeiter kann den oder die Betroffene unterstützen, indem er oder sie Artikulationsvorschläge macht, die der
oder die andere sich zu Eigen machen kann oder nicht. Der nächste
Schritt besteht darin, diese Orientierungen und Deutungen zu verstehen und sie in den Zusammenhang der eigenen Lebensführung zu
bringen. In diesem Sinne geht es, wie bereits erläutert, um eine „Hermeneutik der Lebensführung". Das bedeutet nicht, den anderen oder
die andere besser verstehen zu wollen als dieser oder diese sich
selbst. Dies würde Klientinnen oder Klienten entmündigen. Sie würden nicht mehr als Personen verstanden, die selbst ihr Leben deutend führen können und müssen. Die Orientierungen und Deutungen
sollen aber auch nicht einfach stehen gelassen und als gegeben
hingenommen werden. Die anspruchsvolle Aufgabe für die Soziale

Arbeit besteht vielmehr darin, gemeinsam mit den Betroffenen zu prüfen, inwieweit die Deutungen und Orientierungen realistisch und förderlich für eine gelingende Lebensführung sind. Deswegen wird die Hermeneutik der Lebensführung mit ihrer Kritik verknüpft.

Trotz aller Bemühungen wird man oft genug zu keinem Ergebnis kommen, das beide Seiten als angemessen übernehmen können. Menschen sind eigensinnig. Um das mit einer biographischen Anekdote zu veranschaulichen: Mein seinerzeit über achtzigjähriger Großvater reagierte auf die Diätempfehlungen seines Arztes, fettärmer zu essen und nicht mehr zu rauchen mit der Antwort: „Da werd' ich grad' Sie nach fragen!" Die Vorstellungen von einem guten Leben sind nicht immer „vernünftig". Die Frage ist: Vernünftig für wen? Am Beispiel meines Großvaters: Für ihn war es wichtig, im Alter seine Lebensgewohnheiten beizubehalten, auch wenn das statistisch seine Lebenserwartung verringerte. Er zog ein gutes Leben der Möglichkeit eines längeren Lebens vor. Ist das unvernünftig? Die Grenze zwischen Eigensinn und selbstschädigendem Verhalten ist schwer und nur jeweils im Einzelfall zu ziehen. Darf selbstschädigendes Verhalten in irgendeiner Weise sanktioniert werden, wenn andere dadurch nicht gefährdet werden? Am Eigensinn der Klientinnen und Klienten kommt die Soziale Arbeit jedenfalls an eine Grenze. Es stellt sich die Frage, ob die sozialarbeiterischen Möglichkeiten dann erschöpft sind und ein weiteres gemeinsames Arbeiten sinnlos ist, oder ob nach Wegen gesucht werden kann, wie der Eigensinn gemeinverträglich gelebt – oder gebrochen? – werden kann.

Zuschreibungen

Das Thema ist in einem weiten Sinn der Umgang mit „abweichendem" oder „deviantem" Verhalten. In unserem Zusammenhang interessieren Fragen der Entstehung abweichenden Verhaltens weniger als die, wie dies gedeutet und bewertet wird. Es sind vor allem zwei Unterscheidungen, die eine zentrale Rolle spielen: selbstverschuldet/fremdverschuldet und würdig/unwürdig.

Die Unterscheidung zwischen *selbst- und fremdverschuldet* bezieht sich auf die Zurechnung des Verhaltens: Ist jemand unverschuldet in eine prekäre Situation gekommen, die sich dann bis zur Wohnsitzlosigkeit verschärfte? Oder handelt es sich um einen „Säufer", der sich und seine Familie ins Unglück gestürzt hat? Die realen Biographien von Wohnsitzlosen lassen sich selbstverständlich nicht auf eine solch übervereinfachte Unterscheidung reduzieren. Gewöhnlich wird trotzdem in der Bewertung ein Unterschied gemacht, wenn die Situation eher einem ungünstigen „Schicksal" als dem Verhalten des oder der Betroffenen selbst zugeschrieben wird. Von dieser Zuschreibung hängt nicht zuletzt die Bereitschaft ab, der entsprechenden Person zu helfen.

Die Unterscheidung *würdig/unwürdig* hat eine lange Tradition. Sie stammt zunächst aus dem christlichen Kontext. Würdige Arme sind vor allem jene, die unverschuldet in ihre Lage gekommen sind. Unwürdige Arme hingegen sind solche, die als gesund und arbeitsfähig gelten. Ihnen wird Müßiggang vorgeworfen. Deshalb haben sie ihren Anspruch auf Hilfe verwirkt. In der frühen Neuzeit gelten vor allem „Vagabunden" und „Landstreicher" als unwürdig. Der Diskurs über würdige und unwürdige Arme reicht unter anderer Begrifflichkeit bis in die Gegenwart. Zentraler Vorwurf ist immer noch die Arbeitsunwilligkeit und Faulheit, die z. B. Langzeitarbeitslosen, Hartz-IV-Empfängern oder Asylsuchenden zugeschrieben wird. Meist werden dabei insbesondere von der Boulevard-Presse spektakuläre Einzelfälle präsentiert, die die ganze Gruppe der Betroffenen diskreditieren. Damit wird, ähnlich wie im Mittelalter und zu späteren Zeiten, der Abbau von Sozialleistungen legitimiert. Die gesellschaftlichen Ursachen der Lebenslage der Betroffenen werden nicht berücksichtigt, stattdessen wird der Grund allein in der jeweiligen Person gesucht. Ebenso schwingt in der Zuschreibung der unwürdigen Armut die Bewertung des Verhaltens der Betroffenen in ihrer Lage mit. Als unwürdig erweist sich, wer sich mit seiner Situation nicht abfindet, sondern „aufmüpfig", „renitent" oder „fordernd" der Gesellschaft gegenübertritt oder unerwünschte Verhaltensweisen wie Alkoholismus oder Wohnsitzlosigkeit zeigt. Die Kehrseite der Zuschreibung von unwürdiger Armut ist die Glorifizierung einzelner Personen, die schicksalhaft in eine solche Lebenslage geraten sind und diese mit Würde ertragen.

Es gehört ein großes Maß professioneller Distanz und Selbstüberprüfung dazu, sich dieser Zuschreibungen zu enthalten. Verdichten sich in ihnen doch Vorstellungen von einem, wenn nicht guten, dann doch „normalen" Leben. In ihnen zeigt sich ein Idealbild, das sich aus den Vorstellungen der Mittelschicht speist. Dies ist in der Sozialen Arbeit auch deshalb ein Problem, weil der größte Teil der Sozialarbeiterinnen und Sozialarbeiter eben jener Schicht entstammt. Unabhängig davon, ob man soziologisch eher von einem Schichten- oder einem Milieumodell der sozialen Differenzierung ausgeht, herrscht doch Einigkeit darüber, dass die Überzeugungen, die Praktiken und die Bewertungskriterien in den verschiedenen gesellschaftlichen Schichten oder Milieus variieren. In ihnen etablieren sich bestimmte Kulturen. Deshalb ist „interkulturelle Kompetenz" nicht allein im Umgang mit Menschen aus anderen ethnischen Gruppen von Bedeutung. Selbst in diesen ist die kulturelle Differenz innerhalb der Ethnie häufig größer als zwischen den Angehörigen der gleichen Schicht oder des gleichen Milieus mit unterschiedlichen ethnischen Wurzeln.

Allerdings ist in der Sozialen Arbeit häufig eine gegenläufige Bewertungspraxis festzustellen, die die problematische Lebenssituation von Klientinnen und Klienten grundsätzlich nicht diesen selbst, sondern allein den gesellschaftlichen Umständen zuschreibt: Der Klient oder die Klientin ist niemals schuld! Beide Extrempositionen, die ausschließlich den Betroffenen die Verantwortung für ihre Lage geben oder die allein die Gesellschaft verantwortlich machen, sind unangemessen. Aber das ist an dieser Stelle nicht das zentrale Problem. Dieses liegt vielmehr darin, ob die letztlich moralisch aufgeladene Zuschreibung von Verursachung überhaupt einen Einfluss auf die Hilfegewährung haben darf. Die Frage der Verursachung ist allenfalls von Belang, wenn nach Möglichkeiten gesucht wird, wie die Situation des oder der Betroffenen verändert werden kann. Aber selbst da sind eine ganze Reihe unterschiedlicher Voraussetzungen zu berücksichtigen, die sich der vereinfachten Zuschreibung selbst- oder fremdverschuldet entziehen. Im konkreten Einzelfall wird es in der Regel so sein, dass die Anteile der Eigenverantwortung und der gesellschaftlichen Verursachung die Extreme eines Kontinuums bilden, zwischen denen die individuelle Konstellation mehr in die eine oder andere Richtung tendiert. Die Frage der Verursachung der Lebenslage in der professionellen Sozialen Arbeit darf allerdings keine Bedeutung für die Bereitstellung hilfreicher Ressourcen haben.

KLIENTINNEN UND KLIENTEN

Wie gestaltet sich das Verhältnis von Sozialarbeiterinnen und -arbeitern zu ihren Klientinnen und Klienten? Ist das überhaupt eine angemessene Bezeichnung, die wir bislang mehr oder minder unproblematisch verwendet haben?

In den Anfängen der Sozialen Arbeit kamen die Personen, denen die Sorge galt, zunächst als *„Arme"* in den Blick. Als Bewohner von Anstalten bezeichnete man sie oft auch als „Pfleglinge". So oder so galten sie als Objekt der Fürsorge, als Personen, um die man sich kümmerte, denen der rechte Weg aufgezeigt werden musste. Entsprechend war in den offiziellen Texten und Gesetzen von Armenpflege oder Armenfürsorge die Rede. Mit der steigenden staatlichen Organisation sozialer Hilfe und insbesondere der Professionalisierung der Sozialen Arbeit setzt sich eine neue Bezeichnung für die Betroffenen durch, sie werden von Fürsorgeempfängern zu *Klienten*. Pate gestanden für diese neue Bezeichnung hat das anwaltschaftliche Verhältnis. Der Anwalt oder die Anwältin vertritt im Rechtsstreit die Klientin oder den Klienten an deren oder dessen Stelle. Interessant ist in diesem Zusammenhang, sich die historische Bedeutung des Klientenbegriffs anzuschauen. Er stammt aus der römischen Antike. Dort hatte sich als spezifische Organisationsform gesellschaftlicher Ungleichheit das Patronatssystem etabliert. Ein Schutzherr, der Patron, setzte sich für seine Schützlinge, die Klientel, in verschiedenen Belangen ein. Der Schutzherr benötigte entsprechende materielle Güter und gesellschaftliche Macht und Einfluss, um diese Aufgabe wahrzunehmen. Die Klientel wiederum dankte dem Patron durch öffentliches Lob und durch Ehrerbietung; dies diente zum Aufbau und Ausbau der Statusposition des Patrons. Es handelte sich um eine besondere Form der asymmetrischen Wechselseitigkeit. Dem Einsatz von Gütern und Macht entsprach die symbolische Gegenleistung. Damit wurde auf der einen Seite die gesellschaftliche Ungleichheit stabilisiert, auf der anderen der Klientel Schutz und Zugang zu Gütern, die sonst nicht hätten erreicht werden können, ermöglicht.

Auch in professionellen Beziehungen, die sich als Klientenbeziehung gestalten, spielen Asymmetrien eine zentrale Rolle. Ohne sie vollkommen abzulösen tritt das *Expertenwissen* an die Stelle von Macht und Reichtum. Die Expertin oder der Experte verfügt über den exklusiven Zugang zu Wissen, welches sie oder er zum Wohle des Klienten oder der Klientin einsetzt. Auf der einen Seite steht die Pflicht, sich unter Absehung von Eigeninteresse an dem zu orientieren, was dem Klienten oder der Klientin zusteht, und eine entsprechende Leistung zu erbringen. Auf der anderen Seite steht die Forderung, dem Expertenurteil zu folgen und sich entsprechend zu verhalten. Allerdings richtet sich das Expertenhandeln nicht auf die ganze Person, sondern jeweils nur auf als relevant erachtete Ausschnitte aus deren Lebensführung. Die Fachlichkeit der Expertin und des Experten besteht darin, jeweils konkret auf das isolierte Problem bezogen die bestmöglichen Lösungen zu finden.

ASYMMETRIEN

Gestaltet sich das professionelle Verhältnis in der Sozialen Arbeit als Klientenverhältnis, lassen sich *vier Asymmetrien* beschreiben, die daraus resultieren. Die erste davon beruht auf dem beschriebenen *Wissensvorsprung* der Professionellen. Das wirkt sich bereits in der Beschreibung der zu bearbeitenden Situation aus. Das Bezugssystem der Klientin oder des Klienten sind dessen oder deren Alltagswahrnehmung und die Vorstellungen, was Soziale Arbeit in diesem Rahmen bewirken kann und was nicht. Dem steht das Bezugssystem der Sozialen Arbeit gegenüber, die den Klienten oder die Klientin in seiner oder ihrer Situation erst zu einem Fall machen muss, der sich bearbeiten lässt. Überspitzt formuliert: Die Soziale Arbeit orientiert sich nicht an Personen, sondern an Fällen. Zudem tendieren Fachleute dazu, die Parameter, die eine Situation definieren, zu objektivieren. Dies ist eine notwendige Reduktion, um z. B. den Fall fachlich angemessen dokumentieren zu können. Die Gefahr dabei ist, dass das subjektive Erleben und die Selbstdeutungen der Klientinnen und Klienten systematisch an den Rand gedrängt werden. Gleiches gilt für vorgeschlagene Lösungsmöglichkeiten. Diese orientieren sich an den Regeln der Fachlichkeit und nicht an den Selbstdeutungen, auch wenn von fachlicher Seite gefordert wird, sich an den Deutungen der Klientinnen und Klienten zu orientieren oder sie zumindest in die Problemlösung einzubeziehen.

Die zweite Asymmetrie besteht in der *Gewohnheit der Rolle* insbesondere bei stark administrativ geprägten Handlungsfeldern der Sozialen Arbeit. Im Extremfall erlebt sich der Klient oder die Klientin als Bittsteller oder -stellerin gegenüber einer allmächtigen Behörde (und das ist z. B. zumindest in einigen Job-Centern keine unrealistische Wahrnehmung). Auf jeden Fall gibt es auf Seiten der Professionellen einen Wissensvorsprung durch die Kenntnis der institutionellen Ablaufroutinen, der Zuständigkeiten und der lokalen Gegebenheiten. Der oder die Professionelle ist in seinem oder ihrem Umfeld gut orientiert, Klientinnen und Klienten sind es zunächst nicht; wenngleich es erfahrene Klientinnen und Klienten gibt, die die organisationellen Abläufe und die persönlichen Eigenheiten der Akteure besser kennen als die meisten Insider.

Die dritte Asymmetrie besteht darin, dass sich die Betroffenen in einer *Krisensituation* befinden und die Professionellen – in der Regel – nicht. Die Betroffenen haben existentielle Probleme, die Sozialarbeiterinnen und -arbeiter behandeln diese aber als professionelle. Die Krisensituation und der aus ihr resultierende Hilfebedarf konstituiert die professionelle Beziehung. Hinzu kommt die Art und Weise, wie die Betroffenen ihre Situation erleben. Sie kann unterschiedliches auslösen: Zorn, Resignation, Selbstmitleid, Scham oder anderes. Die Betroffenen sind in diesem Fall emotional belastet, die Professionellen nicht. Deshalb kann es diesen leichter fallen, professionelle Distanz aufzubauen, während das insbesondere emotional Betroffenen nur schlecht gelingt.

Die vierte Asymmetrie bezieht sich darauf, dass die Klientin oder der Klient häufig *intime Informationen offenbaren* muss, während der oder die Professionelle seine Privatsphäre wahren kann. Es geht in der Praxis um Einblicke in den ureigensten Bereich, es geht um finanzielle Verhältnisse, Schulden, es geht um den Umgang mit Drogen oder Suchtphänomenen, um Fragen der Sexualität, der Erziehung, um Gewalt und Delinquenz. Dies alles sind klassische Tabuthemen. In der sozialarbeiterischen Beziehung werden und müssen diese

Bereiche offengelegt werden. Klientinnen und Klienten müssen sich gewissermaßen entblößen, während das auf der anderen Seite der Beziehung in der Regel verborgen bleibt.

KUNDINNEN UND KUNDEN

Mit der Rezeption des „Neuen Steuerungsmodells" in der Sozialen Arbeit (wir kommen im übernächsten Kapitel darauf ausführlicher zu sprechen) wird diese immer häufiger als *Dienstleistungsverhältnis* verstanden. Dem Leistungserbringer steht die Kundin gegenüber. Formal betrachtet ist ein Kunde eine Person, die Interesse an einem Vertrag hat. Wird dieser geschlossen, werden der Anbieter einer Ware oder einer Leistung zum Lieferanten und die Kundin zur Auftraggeberin und schließlich zur Käuferin. Die Entstehung einer Kundschaft setzt die Etablierung eines Marktes voraus. Nur wenn entsprechende Angebote vorliegen, kann der Kunde oder die Kundin zwischen verschiedenen Gütern und Leistungen wählen. Strukturell ist die Beziehung symmetrisch. Anbieterin und Nachfrager treten sich gleichberechtigt gegenüber. Zur Asymmetrie tendiert die Beziehung, wenn auf der einen oder anderen Seite ein Ungleichgewicht entsteht. Das geschieht, wenn einem großen Angebot nur eine geringe Nachfrage gegenübersteht, oder wenn eine große Nachfrage auf ein geringes Angebot stößt. Diese Asymmetrie lässt sich dann an der Preisbildung messen, im ersten Fall werden die Waren billig, im zweiten teuer. Die Behauptung, dass der Kunde König sei, trifft deshalb nur dann zu, wenn das Angebot die Nachfrage übersteigt. Im Falle von Knappheit dreht sich das Verhältnis um.

Die Frage ist jedoch, inwieweit der Kundenbegriff in der Sozialen Arbeit überhaupt seine Berechtigung hat. Grundsätzlich lassen sich die Angebote Sozialer Arbeit als Dienstleistungen interpretieren, denn sie verfügt und vermittelt hilfreiche Ressourcen unterschiedlicher Art. Allerdings werden diese Angebote in der Regel nicht über einen Markt verteilt. Der Zugang zu den Leistungen der Sozialen Arbeit ist entweder rechtlich geregelt oder politisch gewährleistet; manche Leistungen müssen erbracht werden, andere sind freiwillig. Nur in Teilbereichen der Sozialen Arbeit, insbesondere im weiten Feld der Beratung, beginnt sich ein echter Markt zu etablieren.

Ebenso sind die Wahlmöglichkeiten der „Kundinnen und Kunden"
der Sozialen Arbeit stark eingeschränkt oder gar nicht gegeben.
Leistungsansprüche sind von Seiten der Erbringer so organisiert,
dass bestimmte Stellen für die jeweiligen Leistungen vorab definiert
sind. Schließlich zahlen die „Kundinnen und Kunden" die Leistung
nicht selbst, sie wird staatlich finanziert. Von Kundinnen und Kunden
der Sozialen Arbeit zu sprechen, ist bestenfalls der wohlmeinende
Appell an die Professionellen, jene wie Kundinnen und Kunden zu
behandeln und schlimmstenfalls eine ideologische Verschleierung
bestehender Macht- und Herrschaftsverhältnisse. Außerdem empfan-
gen zahlende Kundinnen und Kunden die Ware oder Dienstleistung
passiv. Anders als im Friseursalon oder im Restaurant, wo Kunden
bedient werden (man geht normalerweise nicht ins Restaurant, um
selbst zu kochen), sind Adressatinnen der Sozialen Arbeit an der
Produktion der „Dienstleistung" aktiv beteiligt. Mit einer Haltung des
Bedienen-Lassens, der passiven Entgegennahme einer Dienstleistung, funktioniert eine Hilfeleistung in der Sozialen Arbeit in aller Regel nicht.

Offensichtlich sind beide Begriffe, Kundin oder Klient, nur unzureichend geeignet, das Verhältnis zwischen den Beteiligten in der
Sozialen Arbeit angemessen zu beschreiben. Die Betroffenen sind
weder frei wählende Konsumentinnen noch benachteiligte Klienten,
die gegenüber der Gesellschaft als Träger kompensatorischer An-
spruchsrechte auftreten, noch bloßes Objekt der, dann zumeist de-
fizitorientierten, Sozialpolitik und -arbeit. Die Thematisierung eines
angemessenen Personenverständnisses ist eine dringende Aufgabe
der Ethik der Sozialen Arbeit.

Personalität und Identität

Der Mensch ist ein Wesen, das seine Innen- von der Außenperspektive unterscheiden kann. Der Mensch kann sich selbst zum Thema
machen, sich in seinem Denken und Handeln, in seiner Leiblichkeit
auf sich selbst beziehen. Die Unterscheidung zwischen dieser In-
nen- und Außenperspektive wird zum Problem, sobald man sich ihrer
bewusst wird. Denn es stellt sich dann die Frage, wer ich „wirklich"
bin. Denn es ist nicht nur so, dass andere mich anders sehen als ich

mich selbst. Mein Bild von mir ist bezogen auf das, was ich – wie in einem Spiegel – in den Augen der anderen von mir erblicke. Die Frage der *Identität* ist sehr eng mit dem Begriff der Person verknüpft. Diese Frage stellt sich auch deshalb, weil Menschen sich in der Zeit verändern. Das betrifft zum einen den Körper. Er ist zunächst Wachstums- und dann Alterungsprozessen unterworfen. Ich bin nicht mehr der, der ich als Kind war, und doch irgendwie derselbe. Die Veränderung betrifft meinen Körper und meine mentalen Zustände, grob gesagt, meinen Geist. Ich verändere mich mit den Erfahrungen, die ich mache, mit den Dingen, die ich lerne, mit den Überzeugungen, die ich neu erwerbe oder als nicht mehr angemessen ablege. Wenn dies so ist, dann ist die Frage, was meinen „Kern" oder, in anderer Begrifflichkeit, mein „Wesen" ausmacht. Aus der Innenperspektive scheint das noch unproblematisch zu sein, aber aus der Außenperspektive können die Veränderungen massiv ausfallen. Ist sie noch ganz die alte oder hat sie sich total verändert?

In der Philosophiegeschichte ist dieses Problem in vielfacher Weise thematisiert worden. Diese Geschichte lässt sich hier nicht erzählen. Aber eine zentrale Antwort auf die Frage, wie bei aller Kontinuität so etwas wie Identität hergestellt werden kann, lautet: durch das Gedächtnis. Das manifestiert sich in den Geschichten, die wir über uns erzählen; im englischsprachigen Raum spricht man von den „Stories". Die Geschichten, die ich über mich erzähle, bleiben im Verlauf meines Lebens nicht identisch. Die Erfahrung einer Trennung zum Beispiel kann die Geschichte, die ich über die Beziehung, die nun beendet ist, erzähle, grundlegend verändern. Ich sehe die Begebenheiten dann anders, in einem neuen Licht. Denn diese Geschichten reihen nicht einfach Fakten aneinander, sondern interpretieren diese Fakten, stellen sie in einen Bedeutungszusammenhang. Außerdem wechseln die Geschichten häufig ihre Inhalte. Das Gedächtnis funktioniert nicht wie ein Speicher, in dem alles aufgehoben wird. Das Gedächtnis wählt aus, gewichtet nach Bedeutsamkeit, es vergisst und fügt anderes hinzu. Nimmt man das ernst, ist die personale Identität nichts Fixes, nichts ein für alle Mal Festgelegtes, vielmehr befindet sie sich ständig im Fluss. Die personale Identität gleicht eher einem Prozess als einer festen Struktur.

Offen geblieben ist bei den Überlegungen zur personalen Identität, was mit *Person* konkret gemeint ist. Ist der Mensch erst einmal Mensch und dann auch noch eine Person oder sind Menschsein und Personsein gleichbedeutend? Der Begriff Person stammt aus dem antiken Theater. „Prosopon", wovon sich Person herleitet, ist die Maske, durch die der Schauspieler spricht. Er selbst ist gleichsam hinter der „Person" verborgen. Im übertragenen Sinne könnte man sagen, dass die Person das ist, womit man sich im öffentlichen Leben präsentiert. Oder noch einmal anders: Person ist das, als was man sich in der Kommunikation zu erkennen gibt. Die Person fungiert so als Adresse, an die Kommunikation gerichtet wird und von der man Antwort erwartet. Personen sind Menschen, die sich als ein „Jemand" ansprechen lassen, die nicht nur ein „Etwas" sind (so die Formulierung des Philosophen Robert Spaemann), über das geredet und entschieden wird. Um als ein „Jemand" angesprochen werden zu können, müssen eine Reihe von Voraussetzungen erfüllt sein. So braucht eine Person einen Namen. (Deswegen ist es so wichtig, Personen mit ihrem Namen anzureden, denn nur so wird gezeigt, dass man sie als einen „Jemand" akzeptiert, und nicht nur über sie, wie über ein „Etwas", spricht.) Indem man Kindern einen Namen gibt, werden sie als jemand behandelt, der Mitglied der Kommunikationsgemeinschaft ist, sie werden als Personen anerkannt.

Um als kompetente Sprecherinnen und Sprecher fungieren zu können, werden weitere Kompetenzen erwartet. So schreibt man Personen Rationalität zu: Sie verstehen, was sie hören und von sich geben, und weisen eine gewisse Konsistenz zwischen dem, was sie sagen, und dem, was sie tun, auf. Von Personen wird erwartet, dass sie Absichten haben und abwägen können, mit welchen Mitteln sie ihre Ziele erreichen können. Zudem wird eine zumindest temporäre Stabilität ihrer Überzeugungen und Absichten erwartet, mithin eine gewisse Verlässlichkeit, die es ermöglicht, Erwartungen an sie zu richten. Ohne diese Stabilität wäre es sinnlos, Erwartungen zu bilden, und ohne Erwartungen aneinander (die selbstverständlich nicht immer erfüllt werden müssen) wäre ein Zusammenleben der Menschen nicht denkbar. Schließlich schreibt man Personen ein Mindestmaß von Autonomie zu, die Fähigkeit, einen Willen auszubilden und sich an diesem im eigenen Handeln zu orientieren. Personen sind Wesen, die sich selbst bestimmen können.

Was bedeutet das für die Soziale Arbeit? Zunächst ganz einfach, dass wir es bei sozialarbeiterischen Interaktionen mit Personen zu tun haben, die Selbstbeschreibungen ihrer selbst anfertigen, die Ausdruck davon sind, wie diese sich selbst verstehen, sich selbst interpretieren. Wie alle Interpretationen können diese mehr oder minder angemessen sein. Sie sind nicht einfach richtig oder falsch. Wer sollte das entscheiden können? Zumal sich wieder das Problem der unterschiedlichen Innen- und Außenperspektive ergibt. Trotzdem kann die Sicht auf sich selbst verzerrt sein, nur das Negative betonen – oder nur das Positive. Das Handeln der Personen hängt von der jeweiligen Selbstbeschreibung ab. Verstehe ich mich als einen Menschen, dem nie etwas gelingt, ist die Wahrscheinlichkeit groß, dass ich mit meinen Wünschen und meinen Plänen scheitern werde. Habe ich Größenphantasien, werde ich keinen realistischen Blick auf meine Begrenzungen erhalten, sondern alles Scheitern und alle Probleme anderen Menschen oder den Umständen zurechnen. Deshalb ist die Suche nach angemessenen Selbstbeschreibungen ein wichtiger, wenn nicht sogar der zentrale Punkt in sozialarbeiterischen Beziehungen zwischen Professionellen und ihren Klienten.

Ein weiterer Anknüpfungspunkt für ein angemessenes Verständnis der Person liegt im Diskurs zum *„Citizenship"*. Dieser wird in Deutschland unter dem Stichwort der „Zivilgesellschaft" geführt. Es geht dabei um gesellschaftliche Teilhabe, aber auch um die Frage, über welche Kompetenzen Bürgerinnen und Bürger verfügen müssen, um Teilhabe realisieren zu können. Hierbei sind Individuum und Gesellschaft wechselseitig voneinander abhängig. Da Personen immer durch ihre Gesellschaft und deren Kultur geprägt und auf deren Deutungsressourcen angewiesen sind, sollte ihnen die Gestalt dieser Gesellschaft und Kultur wichtig sein. Wenn jede Person ihre Identität, ihre Orientierungen und Handlungsnormen einer Sozialität verdankt, die ihr, wenn auch nicht normativ, vorangeht, dann sollte ihre Sorge dem Bestand und der Qualität dieser Sozialität gelten; genau dies schließt ihre Selbstsorge notwendigerweise ein. Die Person muss diese Sozialität sowohl voraussetzen, beanspruchen, als auch zugleich sich aneignen und dabei die zu ihrer Erhaltung und Gestaltung erforderlichen Kompetenzen entfalten. Dieser Problemkreis wird unter den Begriffen der „Bürgertugenden" und den „Bürgerpflichten" diskutiert. In diesem Kontext ist es insbesondere die Bildung, die der Person auf der einen Seite ermöglicht werden muss, die ihr aber auf der anderen Seite als Auftrag zugemutet wird. Ebenso gehört zu dieser Perspektive die aktive Beteiligung an den politischen, gesellschaftlichen und wirtschaftlichen Zusammenhängen zu dem, was von einer Bürgerin oder einem Bürger erwartet werden kann und muss. Dies kann nur in dem Maß gelingen, wie gleichzeitig die Rechte der Mitbürgerinnen und Mitbürger respektiert werden und ihnen mit Achtung begegnet wird.

Nimmt man diese Kennzeichnung dessen, was eine Bürgerin oder einen Bürger ausmacht, ernst, dann ist es die zentrale Aufgabe der Sozialen Arbeit, Menschen dabei zu unterstützen, ihre Rolle als Bürgerin oder Bürger wahrnehmen zu können. Dazu gehört von Seiten der Sozialen Arbeit die Bereitschaft, die Personen, mit denen sie es zu tun hat, nicht in erster Linie als Kundinnen oder Klienten anzusprechen, sondern als Bürgerinnen und Bürger, die – aus welchen Gründen auch immer – Unterstützung benötigen. Damit sind die drei Begriffe genannt, die die gebotene Haltung gegenüber den Personen, die Leistungen der Sozialen Arbeit in Anspruch nehmen, kennzeichnen:

ACHTUNG, RESPEKT UND ANERKENNUNG

Die Begriffe Achtung und Respekt werden oft gleichbedeutend verwendet. Gemeint ist jeweils eine bestimmte Haltung, mit denen man anderen Menschen gegenüber tritt. Die Begriffe können auch auf andere Zusammenhänge angewandt werden, man spricht z. B. von der Achtung gegenüber der Natur oder dem Respekt vor dem Gesetz. Für uns ist jedoch der Gebrauch im ersten Sinn von Bedeutung. Respekt ist oft mit dem besonderen Status einer Person verknüpft (man spricht nicht umsonst von Respektspersonen) oder mit deren Leistung, der Respekt gezollt wird. Achtung gilt der gesamten Person.

Zudem bezeichnet Achtung eine besondere Haltung, die die *Integrität* und Identität der anderen Person als schützenswerte Güter anerkennt. Missachtung hingegen bedroht oder zerstört deren Integrität und Identität. Eine Person zu achten, bedeutet jedoch nicht, ihr in allen Punkten zuzustimmen oder jede ihrer Eigenheiten zu schätzen. Ich achte eine Person als Person, obwohl ich in wenigen oder mehreren Fällen andere Überzeugungen habe und obwohl ich die ein oder andere oder viele Eigenarten an ihr nicht schätze. Die Achtung gilt der Person in ihrer Eigenart und in ihren Besonderheiten. Das bezieht die Möglichkeit der Kritik mit ein. Mit dieser Kritik entziehe ich ihr nicht die Achtung, sondern zeige sie ihr gegenüber, weil mir deren Identität und Integrität wichtig ist. Das setzt voraus, dass diese Kritik in angemessener Weise geschieht und nicht moralische Missachtung transportiert. Das ist im Einzelfall nicht immer einfach. Doch solange nicht zumindest durchscheint, dass die Kritik die Achtung nicht entzieht, bleibt sie in aller Regel destruktiv.

Anerkennung bezeichnet eine dreifache Beziehung: Ich anerkenne jemanden als etwas. Solche Anerkennungsverhältnisse vollziehen sich in einem sozialen Rahmen. Axel Honneth unterscheidet drei Anerkennungsweisen, die sich auf drei sozial vermittelte Anerkennungsformen beziehen: die emotionale Zuwendung in Primärbeziehungen (Liebe), die kognitive Achtung in Rechtsverhältnissen (Rechte) und die soziale Wertschätzung in Wertgemeinschaften (Solidarität). Diesen korrespondieren bestimmte Missachtungsformen: Misshandlung und Vergewaltigung, Entrechtung und Ausschließung sowie Entwürdigung und Beleidigung. Mit diesen werden die physische und die soziale Integrität sowie die Würde einer Person angegriffen oder geschädigt. Für die professionelle Soziale Arbeit sind vor allem die kognitive Achtung und die soziale Wertschätzung von zentraler Bedeutung. Diese erschließt sich vor allem durch die Missachtungsformen. Jede Handlung, die die soziale Integrität oder die Würde einer anderen Person tangiert, stellt eine Form von Missachtung dar, die ihr die Anerkennung verweigert.

Auf der Ebene der alltäglichen Kommunikation können drei *Haltungen* hilfreich sein, wenn es darum gehen soll, Missachtung zu vermeiden. Auch wenn sie als Begriffe eher vergangenen Zeiten zuzuordnen sind, haben sie inhaltlich ihre Aktualität nicht verloren. Diese drei Haltungen sind Anstand, Manieren und Takt. Mit Anstand ist gemeint, dass es bestimmte Standards des Verhaltens gibt, die nicht unterschritten werden sollten. Diese Standards konkretisieren sich in den Manieren, in Verhaltenskodices, die in einer Beziehung als angemessen bezeichnet werden. An einem Beispiel: Wenn ich eine andere Person duze oder mit Vornamen anrede, setze ich entweder voraus, dass wir eine persönliche Beziehung haben oder dass es sich beim Gegenüber um ein Kind handelt. Wenn beides nicht der Fall ist, kommuniziere ich mit dem „Du" einen Entzug des Respekts, es sei denn, diese Anredeform ist in einem speziellen Milieu der Standard. Deshalb ist nicht zuletzt Takt vonnöten. In ihm zeigt sich die Fähigkeit, dem oder der anderen in einer kontextuell angemessenen Weise zu begegnen. Es geht bei Anstand, Takt und Manieren also gerade nicht um ein bestimmtes – in der Regel bürgerliches – Verhaltensrepertoire, sondern um eine Einhaltung der kontextspezifischen Standards. Ebenso gelten diese nicht um ihrer selbst willen, sie sind vielmehr Hilfsmittel, um die Missachtung anderer Personen – und sei es aus Nachlässigkeit – zu vermeiden.

Leiblichkeit

Versteht man den Menschen vor allem als Person und konstruiert man das Verhältnis zwischen Personen als Annerkennungsverhältnis, gerät man leicht in die Gefahr, eine Selbstverständlichkeit zu übersehen. Der Mensch ist vor allem ein Lebewesen, das leiblich existiert, das mit seinem Leib eins ist. Allerdings hat sich im Verlauf seiner Geschichte der Mensch immer stärker von seiner vernünftig bestimmten seelischen oder geistigen Struktur her verstanden und die leibliche Fundierung der menschlichen Existenz tendenziell abgewertet. In der Neuzeit wird die Unterscheidung zwischen Leib und Seele durch eine weitere Unterscheidung überformt, die zwischen *Leib und Körper*. Diese Differenzierung hat ihren Ursprung in der menschlichen Fähigkeit, sich im Bewusstsein von sich selbst zu distanzieren; dazu gehört die Möglichkeit, sich von seiner leiblichen Verfasstheit zu distanzieren und sich gleichsam von einer Außenperspektive wahrzunehmen. Wenn dann – wie z. B. bei Descartes – Leib und Seele unterschiedliche Substanzen sind, wird der Leib aus der Perspektive des Bewusstseins nur noch aus der Außenperspektive gesehen: nämlich als Körper. Pate hierfür steht der „anatomische Blick". Der menschliche Körper wird als Maschine begriffen, die den Geist oder die Seele nur beherbergt. Diese Maschine kann man in der Pathologie, bei der Öffnung von Leichen, studieren und analysieren. Dort werden die Mechanismen entdeckt, die helfen, bei Defekten reparieren zu können oder manipulierend die Leistungsfähigkeit des Körpers zu steigern.

Die Sphäre der Leiblichkeit wiederzuentdecken und Zugänge zu ihr zu schaffen, ist ein zentrales Anliegen phänomenologisch orientierter Philosophie. Einen Zugang zu dieser Art zu denken findet sich in der Philosophie von Bernhard Waldenfels. Dieser geht davon aus, dass der *Leib* ein „Ding besonderer Art" ist, das sich charakteristisch von anderen Gegenständen unterscheidet. Er unterscheidet sich zunächst durch seine *Permanenz*. Diese drückt sich darin aus, dass ich von meinem Leib keinen Abstand nehmen kann. Er ist mir immer in einer Perspektive gegeben. Das zeigt sich paradoxerweise besonders beim Betrachten des Spiegelbildes, bei dem, vor allem wenn es überraschend geschieht, sich häufig ein Gefühl der Fremdheit einstellt. Ein weiteres Merkmal ist die *Doppelempfindung*. Damit ist die Selbstbezüglichkeit der Leibempfindung angesprochen; was das meint, lässt sich anschaulich machen, wenn eine Hand die andere ertastet. Wie beim Spiegelbild sind Tastendes und Ertastetes nicht identisch; die Leibempfindung ist auf sich selbst bezogen und produziert dabei immer eine gewisse Differenz. Eine dritte Besonderheit des Leibes ist die *Affektivität*. Affektivität meint damit etwas anderes als bloße Reizbarkeit durch äußere Einflüsse. Wie am Beispiel des Schmerzes deutlich wird, geht es weniger um eine räumliche Lokalisierung des Reizes, sondern eher um einen Zustand, der den gesamten Leib affektiert; „man fühlt sich selber im Schmerz". Wenn auch die Schmerzempfindung von einem bestimmten Punkt ausgeht, bleibt der Schmerz nicht darauf beschränkt, sondern nimmt einen eigenen „Raum" ein. Schließlich ist weiter die *kinästhetische Empfindung* zu nennen. Dies meint, dass Bewegung und Empfindung untrennbar miteinander verbunden sind. Zuletzt ist noch zu nennen, dass der Leib als eigenes Willensorgan bezeichnet werden kann. Damit soll die klassische Leib-Seele-Unterscheidung dadurch unterlaufen werden, dass bei Körperbewegungen gar nicht sinnvoll zwischen Bewegendem und Bewegtem unterschieden werden kann. Worauf die phänomenologische Theorie des Leibes abzielt, ist ein nicht-dualistisches Verständnis vom Menschen. Von dieser Bestimmung ausgehend, lässt sich der Leib in den drei Dimensionen des Welt-, Selbst- und Fremdbezugs näher bestimmen.

Geht man von einer solchen phänomenologischen Perspektive aus, verändert sich das Verständnis von Sozialer Arbeit immens. Die Perspektive des anderen Menschen ersetzt dann den distanzierenden und klassifizierenden Blick auf ihn. Das hat Auswirkungen bis zur Methodik der Forschung. Phänomenologisch orientierter Sozialarbeitsforschung entsprechen vor allem qualitative Verfahren, die das Erleben und die Sicht der Betroffenen als Fokus wählen, um von dort aus Perspektiven für die eigene Praxis abzuleiten.

5. Die gute Intervention

Auch wenn der Begriff aus guten Gründen in der Wissenschaft der Sozialen Arbeit immer wieder kritisch hinterfragt wird, geht es in der Praxis der Sozialen Arbeit um helfende Interventionen. Warum der Hilfebegriff problematisiert wird, liegt auf der Hand: Helfende Interaktionen sind prinzipiell asymmetrisch angelegt. Wer hilft, muss über Ressourcen (materieller oder ideeller Art) verfügen, die – zumindest im Moment – die oder der Hilfebedürftige nicht besitzt. Auch umgekehrt werden sich Hilfesuchende an solche Personen wenden, bei denen sie aus guten Gründen helfende Ressourcen vermuten. So geht mit der Asymmetrie häufig eine ungleiche Verteilung von Macht einher. Wenn diese Asymmetrie in der Beziehung nicht wahrgenommen wird, kann sie auch nicht bearbeitet werden. Die vielfach beschworene „gleiche Augenhöhe" zwischen Professionellen und Adressatinnen kann verdecken, dass die beteiligten Personen über unterschiedliche Handlungsmöglichkeiten – und auch Sanktionsmacht – verfügen.

PROBLEME HELFENDER INTERVENTIONEN: PATERNALISMUS UND KOLONIALISIERUNG DER LEBENSWELT

Im dritten Kapitel haben wir den Fürsorgebegriff von Martin Heidegger skizziert. Daran lässt sich anknüpfen. Heidegger unterscheidet, wie wir gesehen haben, zwei verschiedene Formen der Fürsorge, die „einspringende" und die „vorausspringende". Das Problem der einspringenden Fürsorge ist, dass die so handelnde Person sich gleichsam an die Stelle des Anderen setzt und ihm die eigenen Angelegenheiten abnimmt, indem sie diese übernimmt. Diese Form der Fürsorge handelt weniger „für" als vielmehr „an Stelle von". Die Folgen können bis zur Entmündigung, zur erlernten Hilflosigkeit oder zur Herrschaft reichen. Das damit verbundene Problem wird in der Ethik der Sozialen Arbeit mit dem Begriff des *Paternalismus* bezeichnet. Paternalistisches Handeln nennt man eines zugunsten eines Menschen, für den eine gewisse Verantwortung besteht, ohne oder gegen dessen (ausdrücklichen) Willen. Stark paternalistisch verfährt, wer mit Zwangsmitteln oder aufgrund einer starken Machtposition seinen oder ihren Willen gegen Widerstreben durchsetzt; schwach paternalistisch verfährt, wer durch Überredung, pädagogische Mittel oder Anreize die andere Person dahingehend beeinflusst, einer Intervention zuzustimmen, die diese zuvor abgelehnt hat. In der Sozialen Arbeit kommen beide Formen paternalistischer Handlungen vor. Man unterscheidet auch zwischen Angebot und Eingriff. Schwach paternalistische finden sich in allen pädagogischen Zusammenhängen und dort, wo Soziale Arbeit beratend fungiert. Stark paternalistische gibt es z.B. im Bereich der Jugendhilfe, aber auch bei der Arbeit mit Drogenabhängigen oder straffällig Gewordenen. Auf jeden Fall bedarf paternalistisches Handeln einer ethischen Rechtfertigung. Wie eine solche aussehen kann, wird weiter unten diskutiert.

Während das Paternalismusproblem auf der Ebene der personalen Beziehungen angesiedelt ist, besteht eine weitere Gefahr in der Überformung der sozialen Verhältnisse. Der Eingriff systemischen Handelns in die Sphäre von Personen wird mit einem Begriff von Jürgen Habermas als *Kolonialisierung der Lebenswelt* bezeichnet. Von dieser Kolonialisierung ist auch die Soziale Arbeit nicht frei. Mittels

Hilfe und Kontrolle dringt sie in die Bereiche ein, die normalerweise in der Handlungs- und Regelungskompetenz der Betroffenen liegen. Soziale Arbeit ist dabei an Vorgaben gebunden, die sich z. B. aus rechtlichen Grundlagen ergeben. Wie ist nun dieser Begriff der Kolonialisierung der Lebenswelt näher zu beschreiben?

In seiner Gesellschaftstheorie knüpft Jürgen Habermas an verschiedene Traditionen an. Von Max Weber übernimmt er die Theorie der zunehmenden Rationalisierung der Lebensbereiche in der Moderne. Diese bezieht er sowohl auf den Begriff der Lebenswelt der phänomenologischen Soziologie als auch auf den Begriff der gesellschaftlichen Systeme, den er von Talcott Parsons übernimmt. Der phänomenologisch-soziologische Lebensweltbegriff unterscheidet sich deutlich vom alltagssprachlichen Begriff, der Lebenswelt als vertraute Umgebung oder soziale Situation begreift. Hier geht es aber weniger um die Lebensbedingungen als um die Wissensmuster und Deutungsvorräte, die es den Individuen ermöglichen, sich in ihren Lebenssituationen zu orientieren und in ihnen sinnhaft zu handeln. Parsons wiederum konzipiert Gesellschaft als Handlungssystem und fragt nach den Funktionen, die erfüllt werden müssen, um Ordnung zu gewährleisten (Anpassung, Zielerreichung, Integration und Strukturerhaltung). Entsprechend dieser Funktionen differenziert sich Gesellschaft in ein ökonomisches (Anpassung), ein politisches (Zielerreichung), ein soziales (Integration) und ein sozio-kulturelles System (Strukturerhaltung). Der Austausch zwischen den Subsystemen wird durch symbolisch generalisierte Kommunikationsmedien (Geld, Macht, Einfluss, Vertrauen) gesteuert.

Im Verlauf der gesellschaftlichen Evolution differenzieren sich System und Lebenswelt aus. Dabei wächst auf der einen Seite die Komplexität der Systeme und auf der anderen die Rationalität der Lebenswelt. Wenn sich die Systemkomplexität jedoch immens steigert, hat das Folgen für die Innenperspektive der betroffenen Lebenswelten. Denn in steigendem Maße wird die gesellschaftliche Integration durch die Systeme vollzogen. Die lebensweltliche Verankerung der Orientierungsmuster verliert hingegen an Bedeutung. Zwar entlastet die Durchsetzung der Kommunikationsmedien die alltägliche Kommunikation von Aufwand und Missverstehensrisiko, aber in der Folge wird das Handeln durch die Logik von Geld und Macht bestimmt. Habermas bezeichnet dies als „Technisierung der Lebenswelt". Dies führt zu Legitimations- und Motivationsproblemen in durchrationalisierten Gesellschaften. Im Extremfall dringen diese Medien in Lebensbereiche vor, die eigentlich davon abhängen, dass sich die Beteiligten über die Koordination ihrer Handlungen verständigen müssen. Dies wiederum nennt Habermas „Kolonialisierung der Lebenswelt".

Habermas beschreibt die Probleme und Krisen des Sozialen als Folge eines Prozesses, in dem immer mehr Lebensbereiche durch abstrakte Systemimperative geprägt sind. Deutlich wird dies z. B. an der Ökonomisierung weiter Bereiche, zu denen auch das Sozial- und das Gesundheitssystem gehören. Genau an diesen Stellen eröffnet sich jedoch auch ein kritisches Potential, soziale Bewegungen markieren die Punkte, an denen sich die verständigungsorientierte Lebenswelt gegen die Übergriffe der Systeme wehrt. Gesellschaften sind aber auf die Integrationsleistungen sowohl der Systeme als auch der Lebenswelt angewiesen.

Die Soziale Arbeit hat Teil an dieser Kolonialisierung, wann immer sie die Lebensbereiche von Personen durch ihre Eingriffe umgestaltet und ihnen Handlungs- und Regelungskompetenzen entzieht. Dies kann in der Kinder- und Jugendhilfe genauso geschehen wie im Bereich der Arbeitsvermittlung unter der Ägide von Hartz IV. Aber diese Teilnahme an Kolonialisierungsprozessen kann der Sozialen Arbeit nicht automatisch als moralisches Defizit zugeschrieben werden. Denn folgt man Habermas, ist die Technisierung Konsequenz der gesellschaftlichen Entwicklung und nicht moralisches Versagen. Dieser Effekt ist die Kehrseite des Erfolgs moderner Gesellschaften. Gleichwohl ist diese Entwicklung kein blindes Schicksal, sie ist kein „Natur"ereignis. Deswegen ist es für die Soziale Arbeit notwendig, sich ein Gespür dafür zu erhalten, wann die Technisierung der Lebenswelt in ihre Kolonialisierung umkippt. Sie hat im Rahmen ihres politischen Mandats die Aufgabe, auf solche Prozesse hinzuweisen und ihnen entgegenzuwirken. Im Rahmen von Gemeinwesenarbeit unterstützt sie Betroffene in der Artikulation ihrer Interessen. Neben dieser Aufgabe tut sie gut daran, sich selbst kritisch zu hinterfragen, wann ihre – gut gemeinten – Interventionen der Kolonialisierung der Lebenswelt ihrer Klientinnen und Klienten Vorschub leisten.

Reflexion der Intervention: Verantwortung

Die besten Absichten und die noch so begründeten Ziele sichern noch nicht das Gelingen. Die Möglichkeit des Misslingens verweist auf einen zentralen ethischen Begriff, der auch in der Ethik der Sozialen Arbeit immer wieder stark gemacht wird, den Begriff der Verantwortung. Wie ist dieser Begriff jenseits aller Verantwortungsrhetorik zu verstehen?

Verantwortung ist zunächst ein relationaler Begriff, er bezieht sich auf soziale Beziehungen, in denen Personen wegen einer Handlung hinsichtlich bestimmter Normen verantwortlich gemacht werden. Ursprünglich stammt der Begriff aus der Rechtsprechung und aus der Religion. Insbesondere im Christentum und im Islam bezieht er sich auf die Vorstellung, dass Personen vor einer göttlichen Instanz für ihr Verhalten Rechenschaft ablegen müssen.

Historisch und systematisch ist zwischen drei Varianten des Verantwortungsbegriffs zu unterscheiden. Während erstens der klassische Begriff individuell auf das Handeln von Personen zugeschnitten ist, die für die Folgen ihrer Handlungen einstehen müssen, verweist zweitens der moderne Verantwortungsbegriff auf Probleme, die sich vor allem aus der Technisierung und Industrialisierung ergeben: In komplexen Zusammenhängen ist ein Verantwortlicher für den Eintritt eines Schadens oft nicht mehr auszumachen, zudem entsteht das Problem des „Systemversagens", die Ursache für ein Ereignis liegt in der Struktur der Organisation bzw. in der Technologie. Deshalb wird Verantwortung delegiert (z. B. durch Entscheidungshierarchien). Man spricht deshalb auch von Aufgaben- oder Bereichsverantwortung. Angesichts der globalen Bedrohung des Überlebens der Menschheit und der Natur kommt es drittens zu einer Globalisierung der Verantwortung. Die globale Dimension ist dadurch erreicht, dass prinzipiell jede Handlung mit dazu beitragen kann, die Grundlagen des Überlebens späterer Generationen zu gefährden.

Grundsätzlich handelt es sich bei Verantwortung um eine *mehrstellige Relation* zwischen einem Subjekt (wer?) und einem Objekt der Verantwortung (für was?), einem Adressaten (gegenüber wem?) und einer Instanz (vor wem oder was?) sowie einem System von Bewertungsmaßstäben (in Bezug auf?), welches erst eine Bewertung der Handlung ermöglicht. Verantwortung ist nur kommunikativ und sozial zu verstehen, sie ist Produkt einer sozialen Konstruktion: Das Subjekt ist nicht immer und unter allen Umständen „selbst" verantwortlich; Verantwortung ist keine Gegebenheit, sondern eine Zuschreibung: verantwortlich wird man gemacht.

Der Verantwortungsbegriff hat weitreichende Voraussetzungen. Eine der wichtigsten ist die Kausalität. Es muss eine klar definierte Beziehung zwischen Ursache und Wirkung geben, um überhaupt von Verantwortung zu sprechen. Dass dies vor allem bei weitreichenden Handlungsketten problematisch ist, zeigt die Chaostheorie. Ihr zufolge fließen in Ereignisse eine Unzahl von Ursachen ein, so dass es kaum mehr möglich ist, das Eintreffen des Ereignisses auf eine einzelne Ursache zurückführen zu können. Zudem sind nur intentionale Handlungen verantwortbar. Es ist also gleichzeitig von der Rationalität des oder der Handelnden auszugehen. Und schließlich muss die Möglichkeit bestehen, ein Ereignis überhaupt beeinflussen zu können.

An seine Grenze gelangt der klassische Verantwortungsbegriff, wenn seine Voraussetzungen nicht mehr eindeutig gegeben sind, wenn weder bestimmbar ist, wem eine bestimmte Folge zugerechnet werden kann, noch gegenüber welcher Norm dies zu bewerten ist. Weitere Schwierigkeiten entstehen, wenn unklar ist, wer konkret der Geschädigte ist oder wenn keine sanktionierende Instanz benannt werden kann. Dies wird vor allem in hoch arbeitsteiligen und vernetzten Systemen zum Problem. Eine Lösung wird hier durch die Zuschreibung von Zuständigkeiten angestrebt. Bestimmte Personen sind für einen bestimmten Bereich „verantwortlich", ihnen wird der Schaden zugerechnet, auch wenn sie ihn nicht selbst verschuldet haben, oder sie haben dafür Sorge zu tragen, dass ein Schaden gar nicht erst entsteht (man spricht deshalb von prospektiver Verantwortung). Typischerweise wird dies in Hierarchien strukturiert. So sind Sozialarbeiterinnen und Sozialarbeiter nur bedingt zur Verantwortung zu ziehen, wenn sie auf Weisung eine Intervention durchgeführt oder unterlassen haben, die eine Schädigung anderer zur Folge hatte. Aus ethischer Sicht problematisch ist hier, dass diese Art der Verantwortung einen rein funktionalen Charakter hat. Verantwortung bestimmt sich allein aus den Organisationszielen (etwa der Wirtschaftlichkeit). Außerdem tendieren Verantwortungsbereiche dazu, anderen Bereichen gegenüber indifferent zu werden: „Das ist nicht unser, sondern deren Problem!" und schließlich kann der Blick auf den größeren Zusammenhang verloren gehen: „Ich bin nur für die Funktionsfähigkeit der Gleisanlagen verantwortlich (und nicht dafür, dass darauf die Züge nach Auschwitz fahren)."

INTERVENTIONSETHIK

Wie auch immer gestaltet, handelt es sich bei sozialarbeiterischen Interventionen um Eingriffe in die Lebensführung anderer Menschen. Das mag noch unproblematisch sein, wenn die Person eine solche Intervention explizit wünscht. Schwierig wird es spätestens dann, wenn diese Intervention paternalistisch gegen die Wünsche und Interessen der Person zu deren Wohl oder um des Schutzes Dritter willen durchgeführt wird oder sogar durchgeführt werden muss. Dies ist z. B. dann der Fall, wenn um des Wohles eines Kindes durch (sozial-) pädagogische Maßnahmen oder durch In-Obhutnahme massiv in ein familiäres Gefüge eingegriffen wird. Aus berufsethischer Perspektive stellt sich dann die Frage, unter welchen Bedingungen ein solcher Eingriff ethisch gerechtfertigt sein kann. Ein möglicher Kriterienkatalog soll im Folgenden kurz skizziert werden.

Ein solcher Katalog kann sich an der alten Lehre vom „gerechten Krieg" orientieren. Nun ist eine sozialarbeiterische Intervention selbstverständlich kein kriegerischer Akt. Aber es bestehen hinreichend viele Ähnlichkeiten, die eine Übertragung dieser Kriterien auf unseren Zusammenhang möglich machen. Zunächst geht die Lehre vom „gerechten Krieg" davon aus, dass dieser im Regelfall als nicht gerechtfertigt gilt. Es geht darum festzustellen, wann und ob Ausnahmen von dieser Regel begründet werden können. Damit bindet diese alte Lehre die militärische Intervention an bestimmte Voraussetzungen und an die Formulierung von guten Gründen, die es erlauben, dieses Mittel als ultima ratio, also als letzte Möglichkeit, einzusetzen, wenn alle anderen Konfliktregelungsmechanismen – aus welchen Gründen auch immer – nicht gegriffen haben. Darum haben grundsätzlich die weniger eingreifenden Maßnahmen immer den Vorrang vor stärker eingreifenden. Und schließlich leitet diese Lehre dazu an, immer auf die Verhältnismäßigkeit der Mittel zu achten.

Wie sieht diese klassische Lehre aus? Systematisch ausgearbeitet wurde diese Vorstellung zuerst vom lateinischen „Kirchenvater" Augustinus im vierten Jahrhundert, der nach den Grenzen der staatlichen Gewalt fragt. Dabei nimmt er Elemente der römischen Konzeption des Krieges als Rechtsakt (Cicero) auf und nennt drei Kriterien: als zentrales den gerechten Grund (causa iusta), weiter die rechte Absicht (recta intentio) sowie die legitime Herrschaft (legitima potestas). Anlass der Kriegsführung kann allein der bedrohte Bestand des eigenen Staates oder die Bündnisverpflichtung sein, Ziel allein die Wiederherstellung des Friedens und berechtigt nur die legitime Obrigkeit. Diese Lehre wird im Mittelalter aufgegriffen und weiter ausgebaut. Thomas von Aquin fügt als weiteres Kriterium die angemessene Art und Weise der Kriegsführung (debitus modus) hinzu; neben das Recht zur Kriegsführung (ius ad bellum) tritt im Ansatz das Recht im Kriege (ius in bello).

Wie lässt sich dies auf die Rechtfertigung sozialarbeiterischer Interventionen übertragen? Der erste Aspekt (causa iusta) zielt nach dem Anlass für die Intervention. Zu solchen Gründen gehören insbesondere die nicht nur geringfügige Bedrohung oder Missachtung der legitimen Interessen, Güter oder des Wohles Dritter. Wichtig ist es zu bestimmen, was „nicht geringfügig" heißt. So ist es für ein Kind sicher nicht förderlich, wenn es in einer Umgebung aufwächst, in der Lesen oder das Erzählen von Geschichten keine Bedeutung hat und stattdessen den ganzen Tag der Fernsehapparat läuft. Denn so steigt die Wahrscheinlichkeit, dass dieses Kind in späteren Jahren in und mit der Schule Probleme bekommt. Allerdings wird dies kaum dafür herhalten können, auf massive Art und Weise in die elterliche Erziehung einzugreifen. Anders sieht es jedoch aus, wenn die körperliche Unversehrtheit bedroht ist. Der Grund für die Intervention kann in beiden Fällen nur die Gefährdung des Kinderwohls sein. Die Art und der Umfang der Gefährdung spielen dann für die Wahl der Mittel eine wichtige Rolle. Die Leitfrage lautet: Gibt es einen schwerwiegenden Grund für eine Intervention?

Der zweite Aspekt (*recta intentio*) richtet den Blick auf das Ziel der Intervention. Kann solch ein Ziel formuliert werden und hat es auch eine angemessene Reichweite? An unserem Beispiel stellt sich etwa die Frage, ob bei einer Herausnahme des Kindes aus der Familie als Ziel der Intervention ausreicht, die körperliche Unversehrtheit des Kindes zu garantieren. Es muss ja geklärt werden, wie es danach weitergehen soll und kann. Welche Perspektive besteht für das Kind und seine Eltern? Und ist die gewählte Maßnahme für dieses Ziel förderlich? Ausgeschlossen als Ziel einer Intervention ist die Sanktionierung als solche, etwa die „Bestrafung" des prügelnden Vaters durch Entzug des Kindes. Die Leitfrage heißt: Gibt es ein gut begründetes Ziel der Intervention, bei dessen Erreichen der Eingriff beendet werden kann?

Bei beiden ersten Aspekten kann es nur darum gehen, Schaden zu verhindern. Dieses „Schadensprinzip" wurde vom englischen Philosophen John Stuart Mill explizit entwickelt. Ihm zufolge ist die einzig legitime Absicht, in die Handlungsfreiheit eines anderen Menschen einzugreifen, die, Schaden zu verhüten. Nicht zu rechtfertigen ist ein Eingriff zum „Wohle" eines anderen: „Er kann nicht rechtmäßig gezwungen werden, etwas zu tun oder zu unterlassen, weil es für ihn besser wäre, so zu handeln, weil es ihn glücklicher machen würde, weil so zu handeln nach der Meinung anderer klug oder sogar richtig wäre." (Über Freiheit, S. 16) Dies folgt aus dem Prinzip, dass jeder und jede seine oder ihre Lebenspläne selbst bestimmen und verantworten muss und diese Freiheit nur zum Schutz anderer eingeschränkt werden darf.

Der dritte Aspekt (*legitima potestas*) zielt auf die Kompetenz des Handelnden im doppelten Sinn, auf die Frage, ob der Sozialarbeiter oder die Sozialarbeiterin zuständig und befugt, aber auch befähigt ist, entsprechend zu handeln. Als Leitfrage kann formuliert werden: Ist der Handelnde kompetent, um einzugreifen oder besteht für ihn eine moralische Verpflichtung über seine Zuständigkeit hinaus, und besitzt er die Fähigkeit, angemessen zu handeln?

Der letzte Aspekt (*debitus modus*) fragt nach der Verhältnismäßigkeit der Mittel. Es ist weder klug noch ethisch legitim „mit Ka-
nonen auf Spatzen zu schießen". Aber es geht nicht allein um das
Überziehen von Maßnahmen. Sie können auch nicht wirkungsvoll
genug sein. Maßnahmen, die wenig oder nichts bewirken, sind ebenso fragwürdig wie solche, die über das Ziel hinausschießen. Positiv
gewendet bedeutet dieser Grundsatz, dass von den möglichen und
effektiven immer die schonendste Intervention und Methode den Vorrang vor anderen verdient. Die Leitfrage ist: Kann ich mein Ziel auch
auf eine Art und Weise erreichen, die weniger in die Belange der
anderen Person eingreift?

Es geht bei diesem Rückgriff auf einen alten Ansatz nicht darum,
die ultima ratio als Normalfall des Handelns zu legitimieren. Die Zu-
rückhaltung ist der Normalfall, der Eingriff bedarf der besonderen
ethischen Legitimation. Insbesondere beim ersten Aspekt, dem gerechten Grund, geht es immer auch um Güterabwägungen. Diese
setzen eine Verständigung darüber voraus, was im konkreten Fall
das zentrale betroffene Gut ist. Damit verbunden ist die Frage nach
dem Ziel. Das Ende der Intervention muss mit bedacht werden. Es
stellt sich die Frage nach der Perspektive und damit auch nach der
Beendigung des sozialarbeiterischen Eingriffs. Beides muss immer
von der Abwägung begleitet sein, ob die beschlossenen Maßnahmen angemessen auf die Situation reagieren.

Grenzen eigener Kompetenzen

Ein alter Rechtsgrundsatz besagt: ultra posse nemo obligatur, über
sein Können hinaus kann und darf niemand verpflichtet werden.
Die Frage allerdings ist, wie sich dieses „Können" bestimmen lässt.
Unmögliches kann nicht verlangt werden, auch und gerade nicht
im ethischen Sinn. Im Blick auf die Fachlichkeit von Professionellen
wird rechtlich so geurteilt, dass dieses Können die Beherrschung
derjenigen Fähigkeiten und Fertigkeiten umfasst, die jeweils zum aktuellen „State-of-the-art" gehören, also dem, was von einem oder
einer Professionellen als gegenwärtiger Standard anzunehmen ist.
Dazu gehören in der Sozialen Arbeit etwa die einschlägigen rechtlichen Kenntnisse ebenso wie die Beherrschung der einschlägigen

Methoden. Dies ist aber nur der negative, der Schutzaspekt dieses Grundsatzes.

Ein anderer Aspekt ist nicht die juristische Absicherung, sondern die (selbst-)kritische Frage nach den eigenen Grenzen. Für in der Sozialen Arbeit Tätige besteht ein Risiko darin, sich für zu vieles verantwortlich zu machen. Darin zeigt sich zum einen in einer Überschätzung der eigenen Möglichkeiten. Zum anderen aber, und das ist für uns der wichtigere Aspekt, verbirgt sich dahinter eine Helferfalle, die man etwas zugespitzt das Mutter-Theresa-Syndrom nennen könnte, die aus einem hohen Hilfeethos gespeiste Vorstellung, für vielleicht nicht alles Elend der Welt, aber doch für alles Elend im eigenen Bereich nicht nur zuständig, sondern auch verantwortlich zu sein. Die Folge ist eine ständige Selbstüberforderung, die nur in Frustration umschlagen kann. So wichtig Verantwortungsbewusstsein auch ist, gibt es trotzdem ein „Zuviel". Dieses kann sich in der Selbstüberforderung zeigen, aber auch in einem Verhalten, das sich selbst und den eigenen Möglichkeiten viel, wenn nicht alles, zutraut, den Klientinnen und Klienten hingegen wenig oder nichts. Das Überschätzen der eigenen Möglichkeiten führt zur Bevormundung. Denn die Möglichkeiten sozialarbeiterischen Handelns sind nicht nur durch das eigene Können bestimmt, sondern auch durch die Autonomie – und manchmal auch den Eigensinn – der Klientinnen und Klienten. Verantwortliches sozialarbeiterisches Handeln kennt daher auch seine Grenzen und kann über sie kritisch Rechenschaft ablegen.

6. Die gute Einrichtung

Soziale Arbeit in modernen Gesellschaften ist dadurch charakterisiert, dass sie organisiert ist. Daran ändert sich grundsätzlich nichts, wenn sich Sozialarbeiterinnen oder Sozialarbeiter selbständig machen, denn in diesem Fall müssen sie einen Betrieb gründen: eine Organisation. Die Ethik der Sozialen Arbeit hat darum auch eine Ethik der Organisation zum Thema. Die Debatte um die Organisation Sozialer Arbeit ist aktuell geprägt durch die Auseinandersetzung um das „Neue Steuerungsmodell" (NSM). Dieses ist entstanden aus der Kritik an der Bürokratisierung öffentlicher Verwaltungen, die durch Ineffizienz, Starrheit und Distanz zu den Bürgerinnen und Bürgern geprägt seien. Demgegenüber setzt das NSM auf strategische Steuerung, auf Orientierung am „Output", also an den Ergebnissen behördlichen Handelns, den „Produkten", auf Budgetierung, Controlling und Berichtswesen, Konkurrenz und Personal- sowie Qualitätsmanagement. Wenn auch auf der politischen Steuerungsebene damit neue Akzente gesetzt werden, bleiben Elemente der bürokratischen Organisation erhalten. Wir werden zunächst die „klassische" bürokratische Organisation diskutieren und ethische Problembereiche ansprechen und dann auf das NSM zu sprechen kommen.

Die klassische Organisation und ihre Probleme

Die Organisationstheorie ist ein junger Wissenschaftszweig. Ihr klassischer Typus geht auf Max Weber zurück, der die Funktionsweise von Bürokratien analysierte. Ihm zufolge ist eine moderne Bürokratie durch fünf Merkmale charakterisiert. Zunächst ist dies die Spezialisierung: die Zerlegung des Arbeitsvolumens in einzelne Schritte und die Delegation entsprechender Aufgaben an einzelne Stellen, deren Inhaberinnen oder Inhaber für die Bewältigung dieser Aufgaben qualifiziert sind. Das zweite Merkmal ist die hierarchisch gegliederte Ordnung: die Konstruktion einer Zuständigkeitskette mit zunehmenden Befugnissen nach „oben", die in der Regel mit einer Weisungsbefugnis nach „unten" gekoppelt sind. Weiter werden explizite Regeln vorgegeben, die das Verfahren innerhalb der Bürokratie bestimmen. Neben den klassischen Dienstvorschriften gehören dazu die Dienst- und Entscheidungswege. Viertes Kennzeichen ist die Unpersönlichkeit: die Distanz innerhalb der Bürokratie, vor allem aber gegenüber den Klientinnen und Klienten. Entscheidungen dürfen nicht von persönlichen Bindungen oder emotionalen Stimmungen abhängig sein, sie lassen sich allein durch ihre sachliche Angemessenheit rechtfertigen. Schließlich ist dies die leistungsbezogene Entlohnung: Positionen werden innerhalb der Bürokratie, zumindest dem Grundsatz nach, entsprechend formaler Qualifikationen vergeben. Denn sachfremde Momente sollen die Positionierung innerhalb der Hierarchie nicht beeinflussen. Gleichzeitig ermöglicht die Verbindung von Hierarchie und Entlohnung die Planung individueller Karrieren innerhalb der Bürokratie. Unabhängig davon, ob Organisationen gegenwärtig noch durch diese Merkmale hinreichend charakterisiert sind (die Organisationstheorie hat sich weiterentwickelt), liefern sie doch Hinweise darauf, wo in Organisationen welche ethischen Probleme entstehen können.

Spezialisierung

Durch Spezialisierung und Arbeitsteilung stellt sich das Problem der Verantwortung in neuer Weise. In Organisationen werden, wir haben dies im letzten Kapitel diskutiert, Zuständigkeiten und Aufgaben delegiert, es entstehen Aufgaben- und Zuständigkeitsbereiche. Die anfallenden Aufgaben müssen bewältigt werden. Gelingt dies nicht, stehen die Zuständigen „in der Verantwortung", ob sie den eingetretenen Schaden selbst verursacht haben oder nicht. Besonders in der Jugendhilfe werden diese Probleme deutlich. An jeder Stelle, der durch Spezialisierung ein bestimmter Bereich zugeordnet ist, wird gefragt, ob der oder die Zuständige seine Aufgaben angemessen wahrgenommen hat oder nicht.

Ein weiteres Problem der Spezialisierung und Arbeitsteilung ist, dass mit der Zuweisung von Verantwortungsbereichen gleichzeitig Bereiche organisierter Verantwortungslosigkeit entstehen. Wer für seinen oder ihren Bereich, seine oder ihre Abteilung zuständig ist, ist für andere Bereiche oder Abteilungen explizit nicht zuständig. Man muss die eigene Arbeit ordentlich bewältigen. Dadurch gerät leicht die Verantwortung für das übergeordnete Gelingen aus dem Blick. Doch selbst innerhalb von Unternehmen oder Einrichtungen entsteht durch Spezialisierung oft ein interner Wettbewerb, der zudem in manchen Fällen von der Leitung gezielt initiiert wird, um mehr Leistung zu erzielen. Das Problem ist dann, das Verhältnis von Konkurrenz und Kooperation innerhalb der Organisation in ein ausgeglichenes Verhältnis zu bringen. Wer konkurriert, kooperiert in der Regel nicht. Aber in vielen Situationen sind Organisationen auf *Kooperation* angewiesen. Wahrscheinlich ist die Kooperation der Regelfall, der als Problem nur wahrgenommen wird, wenn sie nicht funktioniert. Trotz des abteilungsspezifischen Teamgeistes muss ein *Zusammengehörigkeitsgefühl* für die gesamte Organisation entwickelt werden – in der Sprache der Organisationsentwicklung geht es um die „Corporate Identity". Damit verbunden ist die Frage der Loyalität. Welche Verpflichtungen ergeben sich aus der Verbundenheit im Team? Wo ist die Grenze, bis zu der ich bereit bin, Fehlverhalten zu decken? Ist es in Ordnung, wenn ich im privaten Kreis über meine Arbeitsstelle herziehe oder Interna ausplaudere? Diese Fragen stellen sich ebenfalls in umgekehrter Richtung: Darf mein Arbeitgeber erwarten, dass ich Fehlverhalten decke oder in der Öffentlichkeit nicht negativ über ihn rede? Letztlich geht es in diesen Konflikten darum, wann – an sich notwendige und gebotene – Loyalität in Kumpanei umschlägt.

HIERARCHIE

Mit dem Organisationsmerkmal der Hierarchie ist das Problem der
organisationellen *Macht* verknüpft. Nach der Definition von Max Weber bezeichnet man mit Macht die Chance, innerhalb einer sozialen
Beziehung den eigenen Willen auch gegen Widerstand durchzusetzen. Dabei ist unwichtig, worauf diese Gelegenheit beruht. Macht
liegt vor, wo Menschen gegen ihren Willen handeln, aber auch dort,
wo ihr Wille so bestimmt wird, dass sie von sich aus bestimmte
Dinge tun. Macht in diesem Sinn ist zunächst moralisch neutral.
Macht ist nicht „böse", sondern eine sozialer Sachverhalt innerhalb
menschlicher Beziehungen. Von ethischer Relevanz ist, wofür Macht
eingesetzt wird, und ob der Einsatz der Machtmittel legitim ist. Deshalb gehört in diesen Zusammenhang die Unterscheidung zwischen
legitimer und illegitimer Macht. Am Beispiel: Eine Vorgesetzte hat
die Möglichkeit, einem Mitarbeiter einen bestimmten Vorgang zur
Bearbeitung zuzuweisen. Die Delegation von Aufgaben ist in einer
Organisation notwendig und durch die hierarchische Strukturierung
gestützt. Probleme können entstehen, wenn der Mitarbeiter die Auf-
gabenzuweisung ablehnt, etwa mit dem Hinweis auf Überlastung.
Die Androhung von Sanktionen von Seiten der Vorgesetzten wäre
nur dann legitim (und auch legal), wenn der Ablehnungsgrund vor-
geschoben ist. Träfe er hingegen zu, wäre die Vorgesetzte dafür verantwortlich, Abhilfe zu schaffen.

Allerdings sind die meisten Konflikte in Einrichtungen nicht so
gelagert, dass sie sofort eine arbeitsrechtliche Relevanz besitzen.
Machtbeziehungen sind meist subtiler und nicht auf den expliziten-
ten Hinweis auf Sanktionsmittel angewiesen. Extremformen dieser
Machtkonflikte sind das *Mobbing* und das Bossing. Mit Mobbing
bezeichnet man das fortgesetzte und systematische Ausüben von
psychischem Druck auf Mitarbeiter oder Mitarbeiterinnen in einer
Organisation; geschieht das durch eine Vorgesetzte oder einen Vorgesetzten, spricht man von Bossing. Man geht davon aus, dass der
größte Teil von Mobbingfällen von Vorgesetzten ausgeht oder zumindest von ihnen gedeckt ist. Nur in den seltensten Fällen wird von
„unten" nach „oben" gemobbt. Zumeist geht es bei Mobbingfällen

um organisationsinterne Kämpfe um Ressourcen und Positionen. Das wird dadurch belegt, dass in konjunkturellen Krisenzeiten die Fallzahl steigt. In organisierten sozialen Einheiten ist Mobbing an der Tagesordnung. In Schulklassen, Seminargruppen, in Betrieben und anderen Einrichtungen werden regelmäßig einzelne Personen zum Opfer. Daher ist es von großer Bedeutung, strukturell Präventionsmaßnahmen zu implementieren. Diese können von Informationsmaterial über bestimmte Anlaufstellen bis hin zu internen Regularien reichen. Von großer Bedeutung ist die Organisationskultur, also die Art und Weise, wie innerhalb einer Organisation mit Konkurrenz und mit Konflikten umgegangen wird. Diese entsprechend zu gestalten, gehört in die Verantwortung der Leitung.

Ein weiteres Problem ist die in allen Organisationen bestehende *informelle Struktur*. Sie wird durch Normen und Verhaltensweisen gebildet, die sich unterhalb der formellen Ebene entwickeln. Sie besteht aus Routinen und Entscheidungswegen, die sich nicht in der formalen Hierarchie abbilden lassen. Diese informellen Strukturen können die Abläufe sowohl behindern als auch beschleunigen, nicht umsonst gilt der „Dienst nach Vorschrift" als Drohung im Arbeitskampf. Achtet man auf die informellen Strukturen, wird deutlich, dass Entscheidungen nur selten von den legitimierten Gremien getroffen werden, vielmehr sind Entscheidungen bereits „entschieden", wenn sie zur Entscheidung anstehen: in informellen Absprachen und Gesprächen wurden bereits Alternativen ausgetestet und auf ihre Umsetzbarkeit geprüft. Informelle Strukturen haben darüber hinaus ihre eigenen Hierarchien. Unabhängig von der offiziellen Hierarchie gibt es Personen, mit denen man sich gut stellen und solche, die man besser meiden sollte. Da die informelle Struktur schwerer zu kontrollieren ist als die formale, ist sie besonders anfällig für Mobbing.

REGELHAFTIGKEIT DES HANDELNS

Das dritte Merkmal bezieht sich auf die Regelhaftigkeit des Organisationshandelns. In der Organisationslehre unterscheidet man zwischen Konditional- und Zweckprogrammen einer Organisation. *Konditionalprogramme* haben eine Wenn-dann-Struktur. Wenn bestimmte vorab definierte Bedingungen vorliegen, dann ist entsprechend einschlägiger Regeln so und so zu handeln. Der größte Teil sozialer Leistungen wird über solche Konditionalprogramme gesteuert. Wenn bestimmte Voraussetzungen vorliegen, sind entsprechende Leistungen vorgesehen. Der zuständige Sachbearbeiter oder die zuständige Sachbearbeiterin hat die Aufgabe, anhand von Unterlagen zu prüfen, ob die Voraussetzungen gegeben sind, um Leistungen zu bewilligen, und gegebenenfalls in welchem Umfang sie zu gewähren sind. *Zweckprogramme* hingegen sind auf die Zukunft gerichtet. Es werden bestimmte Zwecke oder Ziele gesetzt, für die entsprechende Mittel geplant und bereitgestellt werden müssen. Solche Organisationsprogramme findet man z. B. in der Jugendhilfe in Form des Hilfeplanverfahrens gemäß § 36 SGB VIII. Als übergeordnetes Ziel fungiert in diesem Zusammenhang das Kindeswohl.

Die Probleme der Programmierung liegen auf der Hand. Konditionalprogramme sind starr und unflexibel. Sie ermöglichen zwar die Gleichbehandlung unterschiedlicher Fälle, erlauben aber keine Spielräume hinsichtlich der besonderen Würdigung von Einzelfällen. Deshalb wird manchmal den Entscheidern ein Ermessensspielraum eingeräumt. Allerdings können dann negative Entscheidungen als willkürlich wahrgenommen werden. Bei Zweckprogrammen ist es schwierig, genau zu bestimmen, wann ein Ziel erreicht ist und die Hilfe beendet werden kann. So können sich die Maßnahmen verstetigen. Unpräzise definierte Ziele können nur annäherungsweise realisiert werden und zusätzliche Leistungen bei abnehmendem Grenznutzen nur zu einer Annäherung an das Ziel beitragen.

Grundsätzlich erfordert die Entscheidbarkeit der konkreten Leistung, das Verfahren zu formalisieren. Dazu ist es notwendig, die einzelnen Personen zu *„Fällen"* zu deklarieren. Ein zentrales Hilfsmittel der Fallkonstruktion ist die Dokumentation, die Akte. Durch die *Aktenführung* werden die Personen zu Fällen gemacht. Entscheidungen knüpfen an Vorgaben an, die für die Akte entsprechend aufgearbeitet sind. Dabei bildet die Akte die Realität nicht einfach ab. Aktenführung ist hoch selektiv und standardisiert. Akten erzeugen so „typische" Erzählungen, die dann entsprechende Interventionen nahelegen. Akten sind ein Medium zwischen den Professionellen und ihren Klientinnen und Klienten, durch das hindurch Interaktion strukturiert wird. Selbstverständlich haben Akten auch noch andere Funktionen. Sie dienen der Kommunikation – und der Kontrolle – innerhalb von, aber auch zwischen Organisationen. Sie erzeugen damit eine eigene Realität, von der der oder die Betroffene in der Regel nichts erfährt. Akteneinsicht wird deshalb von Seiten der Professionellen oft als ein eher unliebsames Recht angesehen. Das ist aber nur die eine Seite. Die andere Seite ist die genannte eigene Realitätsform, die nicht frei ist von Stigmatisierungen z. B. durch Aktenvermerke, die wirksam werden, wenn andere ihre Interaktion mit dem oder der Betroffenen auf Basis der Aktenlage gestalten. Akten tragen damit zu dem bei, was als viertes Merkmal von Bürokratien beschrieben wurde, die Unpersönlichkeit.

UNPERSÖNLICHKEIT

Unpersönlichkeit bedeutet in Organisationen, dass allein sachliche Argumente Entscheidungen beeinflussen dürfen. Diese Maxime gilt gleichermaßen nach innen und außen. Nach innen sollen sich – z. B. aufgrund informeller Hierarchien – keine „Seilschaften" ausbilden oder Patronagesysteme etablieren. Im ersten Fall geht es um zunächst gleich positionierte Organisationsmitglieder, die sich untereinander Vorteile im Kampf um Status und Einfluss verschaffen, im zweiten um Verbindungen über Hierarchieebenen hinweg, durch die Einzelne besonders begünstigt werden.

So wichtig das Merkmal der Unpersönlichkeit ist, um Gleichbehandlung sicherzustellen, ist die Kehrseite davon die Tendenz, Klientinnen und Klienten als bloße „Fälle" zu behandeln. Die Gefahr wird dort umso größer, wo Sachbearbeiterinnen und Sachbearbeiter eine übergroße Anzahl von Fällen – hier ist schon die Sprache verräterisch – abarbeiten müssen. Für die Berücksichtigung persönlicher oder kontextueller Besonderheiten bleibt dann kaum Zeit. Und wenn man sich die Zeit in einem Fall nimmt, fehlt sie bei den anderen. Das Problem ist in der Regel nicht die Haltung der Beschäftigten, sondern die Arbeitsorganisation oder die zu geringe personelle Ausstattung. Trotzdem ist es für Sozialarbeiterinnen und Sozialarbeiter von grundlegender Bedeutung, die richtige Balance zwischen Per-

sönlichkeit und Unpersönlichkeit zu finden. Hilfreich dabei ist das
Modell, das wir bereits im Zusammenhang mit Kompetenzen und
Tugenden vorgestellt haben. Die richtige Balance stellt sich dann
dar als Mitte zwischen beiden Extremen, die jeweils kontextuell neu
bestimmt werden muss.

Eine besondere Problematik bilden *sexuelle Beziehungen* sowohl innerhalb als auch zwischen Angehörigen einer Organisation
mit deren Klientinnen und Klienten. Selbstverständlich ist grundsätzlich nichts gegen einvernehmliche sexuelle Handlungen zwischen
Personen, die über sich selbst bestimmen können und dürfen, ein-
zuwenden. Innerhalb von Organisationen können jedoch Abhängig-
keitsverhältnisse solche Beziehungen problematisch machen. Dies
gilt insbesondere für sexuelle Beziehungen zwischen Organisations-
mitgliedern und deren Klientinnen und Klienten. Vorgesetzte können
zudem ihre hierarchische Position nutzen, um Beschäftigte sexuell
zu nötigen. In der umgekehrten Hierarchierichtung können Vorgesetzte bei sexuellen Beziehungen erpressbar werden. In der Praxis
ist die *sexuelle Nötigung* durch männliche Vorgesetzte, Ausbilder
oder ähnliche Personen das zahlenmäßig größte Problem. 2006 ist
in diesem Zusammenhang das Allgemeine Gleichbehandlungsge-
setz in Kraft getreten. Untersuchungen zufolge ist der Schutz durch
das Gesetz unzureichend und sexuelle Nötigung wird nach wie vor
häufig bagatellisiert. Geeignete Maßnahmen gegen sexuelle Gewalt
in Einrichtungen zu implementieren, ist eine langwierige Angelegenheit. Am nachhaltigsten dürfte die Verankerung des Gleichstellungs-
gedankens innerhalb einer Organisation sein. Wo eine Kultur der
Anerkennung vorhanden ist, nehmen Übergriffe ab.

Leistungsbezogene Entlohnung

Die Webersche Bürokratisierungstheorie hat die klassische staatliche Bürokratie vor Augen. Das Gehaltsgefüge orientiert sich dort an
Besoldungsgruppen, die jeweils eine bestimmte *formale Qualifikati-
on* zur Voraussetzung haben. Grundsätzlich hat sich daran bei den
gegenwärtigen Tarifverträgen für den öffentlichen Dienst wenig ge-
ändert. Eine zentrale Kritik an diesem System ist, dass damit jedoch
nicht die individuelle Leistung als Maßstab fungiert, sondern rein for-

male Qualifikationen. Dem versucht der neue Tarifvertrag insofern zu begegnen, als in ihm eine Mischung aus einer Grundvergütung und leistungsbezogenen Zulagen eingeführt wurde. Allerdings gestaltet sich die Umsetzung dieses Modells schwierig. Außerdem gehören nur ein Teil der Stellen für Sozialarbeiterinnen und Sozialarbeiter dem öffentlichen Dienst an. Zwar orientiert sich bei den freien Trägern die Entlohnung an den Tarifverträgen für den öffentlichen Dienst, diese Bindung ist jedoch nicht zwingend.

Dies zeigt sich am deutlichsten bei den sogenannten „Tendenzbetrieben" wie etwa kirchlichen oder gewerkschaftlichen Trägern. Die Schlechterstellung von Mitarbeiterinnen und Mitarbeitern betrifft z.B. bei den Kirchen nicht nur die Bezahlung, sondern auch die Mitbestimmung. Zwar betonen kirchliche Vertreter immer wieder, dass die kirchlichen Mitbestimmungsregelungen den Personalvertretungsgesetzen oder dem Betriebsverfassungsgesetz entsprechen, aber Kritiker des sogenannten „Dritten Wegs" sehen weiterhin eine Benachteiligung ihrer kirchlich angestellten Kolleginnen und Kollegen, z.B. hinsichtlich des fehlenden Streikrechts. Die Ausgestaltung der Arbeitsverhältnisse ist entsprechend Art. 140 Grundgesetz in Verbindung mit Art. 137 Abs. 3 der Weimarer Reichsverfassung („Jede Religionsgesellschaft ordnet und verwaltet ihre Angelegenheiten selbständig innerhalb der Schranken des für alle geltenden Gesetzes.") Angelegenheit der Kirchen. Daher haben diese das Recht, besondere Ansprüche an die Loyalität und die Lebensführung ihrer Mitarbeiterinnen und Mitarbeiter zu richten. So fordern sie in der Regel die Mitgliedschaft in der Kirche als Voraussetzung für die Begründung eines Beschäftigungsverhältnisses. Die Lebensführungspflichten werden in den einschlägigen Richtlinien meist dahingehend formuliert, dass das Verhalten der Mitarbeiterinnen und Mitarbeiter die Ziele seines oder ihres Arbeitgebers nicht gefährden darf. Dies würde z.B. dann geschehen, wenn ein Sozialarbeiter in der Arbeit mit Drogensüchtigen selbst Drogen konsumiert. Im Hintergrund steht – in den evangelischen Kirchen – das Leitbild einer „Dienstgemeinschaft". Dieses bringt zum Ausdruck, dass die kirchlichen Mitarbeiterinnen und Mitarbeiter in ihrer Tätigkeit dem kirchlichen Auftrag verpflichtet sind.

DAS NEUE STEUERUNGSMODELL UND DIE „ÖKONOMISIERUNG" SOZIALER ARBEIT

Lange Zeit haben sich Organisationen in Theorie und Praxis am klassischen Modell der staatlichen Bürokratie orientiert. Dies hat sich in den letzten Jahrzehnten grundlegend verändert. Diskutiert wird das Thema häufig unter dem Begriff der Ökonomisierung. Mit diesem Begriff ist nicht gemeint, dass Organisationen in erster Linie am Profit auszurichten seien. Vielmehr geht es darum, Organisationen Sozialer Arbeit am Neuen Steuerungsmodell auszurichten. Wir greifen aus dem Spektrum des NSM zwei Elemente heraus, die in der Diskussion besonders prominent diskutiert werden.

QUALITÄTSMANAGEMENT

Mit der Einführung von Qualitätsentwicklung und -sicherung geht die Neudefinition der Tätigkeit Sozialer Arbeit als Dienstleistung einher. Welche Veränderungen sich im Blick auf die Klientinnen und Klienten damit ergeben, haben wir bereits im vierten Kapitel diskutiert. Der zugrunde liegende *Qualitätsbegriff* umfasst üblicherweise drei Dimensionen: die Struktur-, die Prozess- und die Ergebnisqualität. Die erste Dimension bezeichnet die organisationsspezifischen Rahmenbedingungen und die Ausstattung einer Einrichtung, die zweite die Effektivität und Effizienz der internen Abläufe bei der Erbringung einer Dienstleistung und die dritte den Erfolg oder Misserfolg der ergriffenen Maßnahme. Die Qualitätsdebatte wird innerhalb der Sozialen Arbeit dezidiert kritisch geführt. Im Zentrum der Argumentation steht der Verdacht, dass mit der Qualitätsorientierung vor allem Kosten reduziert werden sollen und dass sie sich gerade nicht auf die Qualität der Arbeit beziehe. Mit anderen Worten: Es gehe einseitig um die Prozessqualität, während auf die Strukturen und Ergebnisse zu wenig Wert gelegt werde. Es gehe nicht um das Wohl der Klientinnen und Klienten, auch nicht um professionelle Standards, sondern in erster Linie um die Interessen von Wirtschaft und Teilen der Politik an möglichst niedrigen Steuerlasten. Unabhängig davon, ob man diese Kritik teilt oder nicht, steht die Frage im Raum, was mit „Qualität" gemeint ist.

Die Qualitätsdebatte ist in der Sozialen Arbeit nur dem Begriff nach neu. Der Sache nach ist sie bereits in der Professionalisierung und Verwissenschaftlichung der Sozialen Arbeit angelegt. Deren Ziel ist es, ausgehend von spezifischen Diagnosen zweckrational kalkulierend diejenigen Methoden auszuwählen, die den größten Erfolg versprechen. In gewisser Weise wurde so die Logik einer an den Naturwissenschaften orientierten Technologie unbesehen auf die Soziale Arbeit übertragen. Anders gesagt: Die Gefahr, dass sich die Soziale Arbeit einer Sozialtechnologie angleicht, hat seit ihren Anfängen bestanden und besteht weiterhin. Dieses Bedürfnis nach einer zweckrationalen Methodik ist auch heute bei Studierenden der Sozialen Arbeit noch weit verbreitet. Insofern trifft die Auseinandersetzung um die Qualität der Sozialen Arbeit ins Herz des sozialarbeiterischen Selbstverständnisses. Das erklärt, warum diese Debatte so erbittert geführt wird. Vor diesem Hintergrund sind die Chancen zu betrachten, die sich mit der Einführung von Qualitätsmanagement in der Sozialen Arbeit verbinden, wie Ressourcenorientierung, Erfolgskontrolle, Transparenz und anderes mehr. Mit der Frage nach dem Kern des professionellen Selbstverständnisses werden wir uns im folgenden Kapitel ausführlicher auseinandersetzen.

SERVICE- UND KUNDENORIENTIERUNG

Unter dem Oberbegriff Ökonomisierung wird die Debatte um Service- oder Kundenorientierung geführt. Diese Orientierung ergibt sich notwendig aus dem Verständnis Sozialer Arbeit als Dienstleistung. Kundinnen und Kunden treten dann der Sozialen Arbeit als Auftraggeber gegenüber. Falls der Auftraggeber oder die Auftraggeberin mit der Leistung nicht zufrieden ist, wird er oder sie sich einen neuen Anbieter suchen. Deshalb ist in der Wirtschaft die *Kundenzufriedenheit* ein wichtiger Indikator für die Qualität einer Dienstleistung. Auch wenn sich, wie im vierten Kapitel bereits angesprochen, die Orientierung an Auftraggeber und Dienstleister nicht ungebrochen auf die Soziale Arbeit übertragen lässt, sind in den letzten Jahren einige Aspekte auf die Soziale Arbeit und ihre Organisationsformen übernommen worden. Ein Beispiel ist der „One-Stop-Shop", der auch in der öffentlichen Verwaltung Beachtung gefunden hat, z. B. im Modell des „Bürgerbüros". Alle notwendigen Informationen, Schritte und bürokratischen Akte sollen von einer Stelle aus durchgeführt werden. Die Bearbeitung eines Sachverhalts liegt in einer Hand und ist nicht mehr auf mehrere Stellen verteilt. Mittlerweile hat diese Orientierung über die Dienstleistungsrichtlinie der EU Eingang in das deutsche Verwaltungsrecht gefunden. So sollen einheitliche Ansprechpartner die entsprechenden Vorgänge bearbeiten und gegebenenfalls an weitere Stellen leiten.

In diesen Zusammenhang gehören die *Umgangsformen* einer Organisation im Kontakt mit ihrer Umwelt. Lange Zeit waren diese eher obrigkeitsstaatlich geprägt. Überspitzt ausgedrückt: Menschen kamen als Bittsteller auf das Amt, die erwartete Grundhaltung war durch Gehorsam, Anpassung und Unterwürfigkeit geprägt. Von Seiten des Amtes herrschte eher ein Kommandoton vor. Ignoranz und Herablassung waren nicht selten. Umgangsformen, die sich insbesondere in den Ausländerämtern teilweise noch gehalten haben. Nun kann man darüber streiten, ob eine von Flugbegleiterinnen und -begleitern übernommene Freundlichkeit an den Verhältnissen in den Ämtern grundsätzlich etwas ändert. Denn selbstverständlich kommt diese Freundlichkeit nicht „von Herzen", sondern ist – auch – antrainiert. Dieses Misstrauen gegenüber freundlichen Umgangsformen scheint ein typisch deutsches Phänomen zu sein. Nicht selten wird z. B. im Umgang mit anderen Kulturen Freundlichkeit mit Oberflächlichkeit gleichgesetzt. Allerdings spricht Unfreundlichkeit nicht unbedingt für Gemütstiefe. Denn wer es im Umgang mit anderen Personen an angemessenen Umgangsformen mangeln lässt, drückt damit Missachtung und Geringschätzung aus, unabhängig davon, ob dies so intendiert ist oder nicht. Zwar spricht aus Freundlichkeit nicht notwendigerweise Anerkennung, aber sie verzichtet zumindest auf Demütigung. Organisationen, die Selbstachtung und Integrität ihrer Mitglieder und ihrer Klientinnen und Klienten nicht schützen, können in diesem Sinn nicht als „anständig" gelten. Deshalb markieren Manieren, Anstand und Takt ein gewisses Mindestmaß, das im Umgang miteinander Demütigung und Herabsetzung verhindert.

MORALISCHES HANDELN IN KORRUPTEN ORGANISATIONEN?

Die Klage, Organisationen blieben hinter ihren Zielen und Standards zurück, ist weit verbreitet und oft auch berechtigt. Anfällig für eine solche Korruption sind insbesondere Organisationen, die einen hohen moralischen Anspruch an sich und ihre Mitarbeiterinnen und Mitarbeiter stellen – also auch Organisationen Sozialer Arbeit. *Korruption* ist hier nicht im Sinne von Bestechlichkeit gemeint; dies wäre ein zu enges Verständnis. Wenn sich das tatsächliche Verhalten zu weit von den Idealen und Standards entfernt, werden diese damit entstellt, kompromittiert. Die Gründe für in diesem Sinn korruptes Verhalten können vielfältig sein und vom Einsatz unmoralischer Mittel für moralische Zwecke bis zur ausschließlichen Orientierung an der Selbsterhaltung reichen. Korrupte Organisationen ordnen das Interesse und das Wohl ihrer Adressatinnen und Adressaten den eigenen politischen, ökonomischen oder organisationalen Interessen und Erfordernissen unter. Sogenannte „Sachzwänge" werden angeführt, um „alternativlose" Maßnahmen durchzusetzen.

Wer in mehr oder minder korrupten Organisationen tätig ist, steht idealtypisch vor drei Möglichkeiten: sich selbst korrumpieren zu lassen, moralisch abzustumpfen oder subversiv Gegenstrategien zu entwickeln. Die erste Möglichkeit ähnelt der „Identifikation mit dem Aggressor", die Orientierungen und Vorgaben werden übernommen, man identifiziert sich mit der Organisation und ihren Erfolgen. So wichtig diese Identifikation grundsätzlich sein kann, so problematisch wird sie, sobald sie mit einem Verlust der Kritikfähigkeit einhergeht. Die zweite Möglichkeit entspricht dem, was die Pflegewissenschaftlerin Karin Kersting in einer empirischen Studie mit Auszubildenden in der Pflege als „Cool out" bezeichnet, dem moralischen Abstumpfen, der mit Motivationsverlust und Distanzierung verbunden ist. Die dritte Möglichkeit schließlich erörtert Joachim Weber mit Bezug auf den Renaissancephilosophen Niccolò Machiavelli, für den Politik eine außermoralische Praxis ist, die auf Handlungsfähigkeit in komplexen Situationen zielt. Weber geht es um die „Umnutzung" rechtlicher und organisationaler Vorgaben im Sinne der Empfängerinnen und Empfänger von Leistungen. Bertolt Brechts Parabelstück „Der gute

Mensch von Sezuan" demonstriert die Unmöglichkeit, in korrupten Verhältnissen gleichzeitig „gut zu sein und doch zu leben". Brechts Stück endet offen; doch legt es den Schluss nahe, dass angesichts solcher Verhältnisse deren Umsturz die einzige Möglichkeit sei.

7. DIE GUTE PROFESSION

Die Frage nach ihrer Professionalität begleitet die Entwicklung der Sozialen Arbeit seit knapp hundert Jahren und sie ist nach wie vor aktuell. Sie ist eine Profession, die ihre Professionalität ständig in Frage stellt. Dies hängt damit zusammen, dass unter diesem Begriff das Selbstbild und die Selbstbeschreibungen der Sozialen Arbeit verhandelt werden. Was genau ist mit den Begriffen Profession und Professionalität gemeint?

In der Alltagssprache bezeichnen wir die Tätigkeit einer Person als professionell, wenn wir ihr besondere Fähigkeiten und Kompetenzen zuschreiben. In dieser Hinsicht fungiert „professionell" als ein Qualitätsprädikat. Professionelles Handeln ist durch einen hohen Grad an Fachlichkeit gekennzeichnet. Oft schwingt aber ein kritischer Unterton mit. Wer etwas professionell erledigt, ist innerlich nicht beteiligt, er oder sie wahrt eine bestimmte emotionale Distanz. Es wird auch nicht jede berufliche Tätigkeit als professionell bezeichnet. Das Prädikat „Profession" wird bestimmten Berufen zuerkannt, Juristinnen sind Professionelle, Bäcker nicht. Neben dieser unterschiedlichen Bewertung verschiedener Berufe ist im Alltag die Unterscheidung zwischen Professionellen und Amateuren oder Laien geläufig, etwa im Sport. Amateure üben einen Sport aus Leidenschaft aus, Professionelle des Geldes wegen. Allerdings stellt sich die Frage, ob nicht auch Professionelle diese Leidenschaft benötigen, um in ihrer Tätigkeit besondere Leistungen erbringen zu können.

BERUF UND PROFESSION

Berufe dienen dem Erwerb des Lebensunterhalts. Sie beziehen sich auf ein umgrenztes Tätigkeitsspektrum, für das spezifische Kenntnisse, Fertigkeiten und normative Orientierungen benötigt werden. Diese eignen sich Personen in einer strukturierten Ausbildung an. Berufe sind daher längerfristig angelegt, im Unterschied zu wechselnden „Jobs". Daher wirken sich Berufe auf die Person aus, prägen und entfalten bestimmte Befähigungen und beeinflussen die biographische Entwicklung. Das Wort „Beruf" leitet sich ab von der „Berufung". Im christlichen Verständnis bedeutet dies, dass Gott dem Menschen seinen Ort in der Welt anweist. Für Martin Luther, der den Berufsbegriff für lange Zeit geprägt hat, lassen sich Berufung und Beruf zwar unterscheiden, aber nicht voneinander trennen. Allerdings ist der Beruf nicht einfach nur göttliche Anordnung, der sich die Person gehorsam zu fügen hat, sondern auch Dienst am Nächsten im arbeitsteiligen Zusammenhang der Gesellschaft. Der Hinweis hierauf ist deshalb wichtig, weil die Berufung zum Dienst am Nächsten bei der Entstehung der modernen Sozialen Arbeit im 19. Jahrhundert eine zentrale Rolle spielte. Dabei stand, wie wir bereits im 3. Kapitel gesehen haben, dieser Gedanke in Verbindung zu einem ganz bestimmten Weiblichkeitsideal.

Die Debatten um die *Professionalisierung* der Sozialen Arbeit wenden sich nicht zuletzt gegen ein solches Berufsverständnis, das Beruf – anders als mittlerweile sonst in der Arbeitswelt – und Berufung zusammenzieht. In dieser Diskussion geht es darum, den Status Sozialer Arbeit aufzuwerten, ihr eine wissenschaftliche Grundlage zu geben und die Berufsausübung zu monopolisieren, von Fachfremden frei zu halten. Professionalisierung hat eine doppelte Bedeutung: Zum einen meint sie die Anerkennung und Entwicklung eines Berufs hin zur Profession, zum anderen die spezifische Ausbildung und Sozialisation, in der eine Berufstätige zur Professionellen wird. Wie lassen sich Professionen charakterisieren?

In der klassischen indikatorisch-merkmalsorientierten Professionstheorie werden Elemente genannt, die Professionen gegenüber anderen Berufen auszeichnen. Dies sind insbesondere eine wissenschaftliche Grundlage, die die Ausbildung strukturiert, die Kontrolle über den Berufszugang (zum Beispiel durch Kammern), die Autonomie der Berufsführung, die Selbstkontrolle der Professionsangehörigen sowie ein aus einem gesellschaftlichen Mandat resultierender Status. So basiert der Zugang zu Professionen in der Regel auf einem Hochschulstudium, das sich auf eine Basisdisziplin bezieht (deswegen wird die Auseinandersetzung über die Möglichkeit und Unmöglichkeit einer Sozialarbeitswissenschaft so heftig geführt). Die Selbstkontrolle der Professionsangehörigen ist normativ durch entsprechende Berufskodices normiert (in der Sozialen Arbeit etwa durch den IFSW oder DBSH). Die berufspolitische Frage der Notwendigkeit einer Kammer wird in der Sozialen Arbeit seit Jahren kontrovers diskutiert (in anderen europäischen Ländern bestehen entsprechende Einrichtungen zum Teil seit langer Zeit).

In der Sozialen Arbeit hat in der Diskussion um Professionalisierung die Theorie von Ulrich Oevermann besondere Beachtung gefunden. Dieser geht von einem handlungstheoretischen Ansatz aus und lokalisiert die Besonderheiten von Professionen in einer Reihe *„widersprüchlicher Einheiten"*: Die erste ist gekennzeichnet durch die Differenz zwischen Entscheidungszwang und Begründungsverpflichtung. Diese ist eine Folge aus dem Theorie-Praxis-Problem. Auf der einen Seite ist der oder die Professionelle dem „State of the Art", dem aktuellen Stand der Wissenschaft verpflichtet, auf der anderen Seite muss sie oder er aktuell handeln, ohne über alle Informationen zu verfügen, alle Einschätzungen reflektiert und alle Folgen abgeschätzt zu haben. Professionelles Handeln ist zwar nicht unbegründet, es lässt sich in der Regel jedoch erst im Nachhinein rational rechtfertigen. Mit dieser widersprüchlichen Einheit ist die zwischen universalem Wissen und Einzelfall eng verknüpft. Professionelle beziehen sich zum einen auf eine wissenschaftliche Basis, deren Aussagen eine universalistische Geltung beanspruchen, haben es in der Praxis zum anderen jedoch mit ganz spezifischen Fällen zu tun. Fallverstehen, Aktivierung von Selbsthilfe und stellvertretende Deutung

lebenspraktischer Problemkonstellationen sind Elemente der Perspektive auf den Einzelfall. Schließlich ist die Beziehung zwischen Pro-
fessionellem und Klientin durch die Spannung zwischen spezifischen
und diffusen Erwartungen geprägt. Diese widersprüchliche Einheit
lässt sich als die zwischen „Amt und Person" verstehen. Professionelle repräsentieren Fachlichkeit und wollen oder sollen gleichzeitig
als konkrete Menschen wahrgenommen werden. Bedroht ist diese
Professionalität, wenn sich die wissenschaftlich-technokratische Orientierung durchsetzt und die widersprüchlichen Einheiten zugunsten
einer Seite aufgehoben wird. Die Autonomie des Handelns wird dann
durch eine rigide Orientierung an Theorien und Methoden ersetzt. Allerdings ist der Technokratisierung der Sozialen Arbeit insofern eine
Grenze gesetzt, als sie – wie auch die Pädagogik – ein Technologiedefizit aufweist, weil sich Interaktionen nicht wie andere Abläufe
planen und normieren lassen.

Aus dieser knappen Skizze zur Professionalisierung Sozialer Arbeit lassen sich einige ethisch bedeutsame Probleme ableiten. Eines
ist die zuletzt genannte Gefahr der Technologisierung durch Theorie
und Methodik. Ein weiteres ist die Frage nach dem Ziel Sozialer
Arbeit. Hinzu kommen die Präzisierung des professionellen Selbstverständnisses und die der beruflichen Selbstregulierung. Diese The-
men werden im Folgenden aufgegriffen.

Wissenschaftlichkeit und Methodenfixierung

Eine wichtige Quelle des *technologischen Denkens* in den Sozialwissenschaften ist im 19. Jahrhundert Auguste Comte. Sein Ziel war,
die Sozialwissenschaft wie eine Naturwissenschaft zu begründen
und methodisch abzusichern. Es ging ihm um eine „Physique Sociale", eine Sozialphysik. Er entwickelte eine „positive Philosophie"
und wurde zum Begründer des Positivismus erklärt. „Positiv" (nicht
im Sinne von „gut") ist „utilitaristisch" zu verstehen, als praktikabel,
realistisch, erfolgversprechend, anwendbar und leistungsfähig. Die
Grundannahmen solch positivistischen Denkens sind: Es gibt richti-
ges Wissen, Wahrheit (Legitimation). Die, die dieses Wissen besitzen
und nutzen, sind die Elite. Die Elite braucht dann nur noch die richtigen Methoden (Wissenschaft), um die Gesellschaft und ihre Individu-

en nach ihren Vorstellungen zu verändern, damit alle glücklich und in Normalität zusammenleben. Diese Grundmuster des Denkens und Handelns lassen sich überall in der Gesellschaft finden, in Politik, Religion, Wissenschaft und auch in der Sozialen Arbeit. Verschiedene „Eliten" handeln also auf der Grundlage derselben Muster. Das dementsprechende technologische Handlungsverständnis (das Subjekt bearbeitet das Objekt und erzeugt so das Produkt) beinhaltet ein Gefälle (das Subjekt steht über dem Objekt), ist asymmetrisch und „monologisch". Die Übernahme dieses technologischen Musters stellt jedoch viele in der Sozialen Arbeit Tätige vor große Probleme: Nie fühlt man sich gut genug ausgebildet! Entweder fehlen die „richtigen" technischen Kenntnisse (Gesprächsführung, Neurosenlehre, Qualitätsmanagement ...) oder es mangelt an „praktischer" Erfahrung mit eben diesen Techniken. Niemand ist in der Lage, die Vielzahl von verschiedenartigen Techniken zu erlernen, die nötig wären, um all die komplizierten und verschiedenartigen Probleme des Professionsalltags technisch zu lösen.

Das wissenschaftlich-technische Denken der Gegenwart ist geprägt durch eine bestimmte Vorstellung darüber, wie Zusammenhänge erklärt werden. Diese Vorstellung findet ihre klassische Ausdrucksform im sogenannten *„H-O-Schema"* der wissenschaftlichen Erklärung, das zurückgeht auf den Philosophen Carl Gustav Hempel und den Naturwissenschaftler und Philosophen Paul Oppenheim. Seinen Erfolg hat das Schema seiner Einfachheit zu verdanken. Es erhebt den Anspruch, nur mit Hilfe von zwei Variablen sämtliche Sachverhalte wissenschaftlich erklären zu können. Sind die (Natur-) Gesetze bekannt und stehen die Rahmenbedingungen fest, kann man jegliches Phänomen erklären. Gesetze und Rahmenbedingungen bilden das Explanans (das Erklärende); die Phänomene, also das, was beobachtet wird, sind das Explanandum (das zu Erklärende). Solche Erklärungen beruhen auf strikter Kausalität, wenn das eine gegeben ist, folgt das andere notwendig. Erklärungen und Theorien dieser Art werden meist im Nachhinein getroffen. Hat man das Phänomen beobachtet und kennt die genauen Rahmenbedingungen, lassen sich mit Hilfe von Experimenten die das Phänomen verursachenden Gesetze ableiten. Kennt man die Gesetze und bestehende und zukünftige Rahmenbedingungen, ist man in der Lage, Phänomene vorauszusagen, Prognosen für die Zukunft zu erstellen. Eine weitere Form der Nutzung von (wissenschaftlichem) Wissen ist der technologische Eingriff, die Intervention oder Veränderung. Wissen dient dazu, unter bekannten Gesetzen die Rahmenbedingungen so zu verändern bzw. zu arrangieren, dass gewünschte Zustände (Phänomene) hergestellt werden.

Die Übertragung dieser Denkweise von naturwissenschaftlichen Experimenten auf soziale Zusammenhänge schafft mehrere Probleme. Zum einen handeln Menschen nicht nach Gesetzen. Die Vollzüge menschlichen Handelns bilden zwar Regelmäßigkeiten und unter bestimmten Umständen gelten auch „Wenn-dann-Beziehungen", aber es lassen sich über menschliches Handeln keinerlei Aussagen in Form eines Gesetzes (wie z. B. über die Schwerkraft) treffen. Das menschliche Wesen ist viel zu komplex, um von einem Gesetz oder einer Theorie erfasst zu werden, und alle Versuche dieser Art sind nicht in der Lage, das Handeln eines jeden Individuums zu jeder Zeit und an jedem Ort zu erklären. Zum anderen setzt das H-O-Schema eine neutrale Beobachtungssprache voraus. In den Sozialwissenschaften ist es jedoch unmöglich, Vorgänge (Phänomene) und Rahmenbedingungen neutral und objektiv zu beschreiben. Das Problem dabei ist die Mehrdeutigkeit von Sprache. Seit dem Ende des 19. Jahrhunderts haben verschiedene Wissenschaftler versucht, eine neutrale Wissenschaftssprache zu konstruieren. Ihr Versuch ist gescheitert.

Von verschiedenster Seite wird betont, dass sich in der Sozialen Arbeit ein Rationalitäts- und ein *Technologiedefizit* ausmachen lässt. Von einem Technologiedefizit spricht der Soziologe Niklas Luhmann im Blick auf die Pädagogik. War diese Aussage zunächst kritisch gemeint, hat sich im Anschluss, vor allem unter Einbeziehung organisationstheoretischer Überlegungen, eine differenziertere Betrachtungsweise durchgesetzt. Denn in Organisationen stoßen hierarchische Durchgriffe auf Schwierigkeiten. Zudem lässt sich das Handeln von Organisationen nicht allein durch Rationalität – im Sinne bestmöglicher Auswahl von Optionen unter der Prämisse stabiler Präferenzen – beschreiben.

Was Luhmann für das Erziehungssystem konstatiert, lässt sich auf die Soziale Arbeit übertragen: Individuen sind keine „Trivialmaschinen", die, wenn man den richtigen Input eingibt, die gewünschten Resultate liefern. Übertragen lässt sich dieser Befund, weil in der Sozialen Arbeit wie in der Pädagogik Interaktionen im Mittelpunkt stehen und die Betroffenen, seien es Schülerinnen und Schüler oder Klientinnen und Klienten, als Ko-Produzenten – oder besser als die eigentlichen Produzenten – am Erfolg der Interaktion beteiligt sind. Diese Interaktionen sind jedoch nicht – und unter anderem darin besteht das Technologiedefizit – durch die Organisation mit „guten Absichten" zu steuern. Da der direkte Zugriff auf die Interaktion fehlt, reagiert das Organisationssystem durch die Personalisierung von Problemen bei gleichzeitigem Fehlen von effektivem Controlling. Hier ist es künftig notwendig, Untersuchungen zu den Rationalitätsannahmen und -unterstellungen Sozialer Arbeit anzustellen. Aber dieses Technologiedefizit ist letztlich kein Problem, sondern eine notwendige Bedingung Sozialer Arbeit, da sich Menschen nicht wie Maschinen eindeutig berechnen und manipulieren lassen.

Zielbestimmungen Sozialer Arbeit

Professionelles sozialarbeiterisches Handeln hat ein Ziel. Es will wie jedes menschliche Handeln gelingen und nicht missglücken. Aber ist das Erreichen eines gesteckten Ziels allein ein ausreichendes Kriterium für das Gelingen des Handelns? Gibt es Ziele, die besser sind als andere? Und gibt es Ziele, die in sich nicht erstrebenswert sind oder sein sollten? Wer solche Fragen stellt, bewegt sich – auch in der Sozialen Arbeit – in der Sprache der Werte und Güter. Dabei ist es gleichgültig, ob diese Ziele Glück, Erfolg, Reichtum, Gerechtigkeit oder Liebe genannt werden. Allerdings verfolgen wir normalerweise nicht nur ein Ziel in unserem Leben. Wir verfügen über ein ganzes Bündel solcher Zielbestimmungen. Problematisch kann es dann werden, wenn eine oder mehrere Ziele miteinander in Konflikt geraten, wenn die Realisierung des einen das Scheitern des anderen bedeutet (wenn z. B. die Alternative Karriere oder Familie auftaucht). Spätestens dann stellt sich die Frage nach einer Hierarchisierung der Ziele, nach der Bewertung der Werte und Güter. Diese allgemeinen Fragen stellen sich ebenso für die Zielbestimmungen und Gelingenskriterien Sozialer Arbeit. Deshalb ist es notwendig, sich die Begriffe der Werte und der Güter genauer anzusehen.

WERTE

In der aktuellen gesellschaftlichen Diskussion hat der Wertebegriff Konjunktur. Es werden neue Werte oder die Wiederaneignung traditioneller Werte gefordert und ein Wertewandel oder -verlust beklagt. Der Wertbegriff stammt aus der ökonomischen Sphäre: Alles, was einen Wert besitzt, kann gegen andere Werte berechnet und getauscht werden. Deswegen kann man sagen, dass etwas einen Wert beigemessen bekommt und nicht schon einen Wert hat. Der Wert ist Produkt menschlicher Wertschätzung. Dabei unterscheidet schon die klassische Ökonomie zwischen dem *Tausch-* und dem *Gebrauchswert*. In der Folge der Marxschen Kritik der politischen Ökonomie entsteht das gesellschaftskritische Argument, dass unter der Herrschaft des Kapitals prinzipiell alle Dinge von ihrem Tauschwert her betrachtet und so ihrem eigentlichen Charakter entfremdet würden. Der Sache nach gegen den Wertbegriff argumentiert schon Immanuel Kant in seiner Unterscheidung, dass Sachen nur ein relativer, Personen jedoch ein absoluter Wert zugesprochen werden müsse. Der Begriff absoluter Wert ist eigentlich ein Widerspruch in sich, weil ihm nichts entsprechen kann, er ist nicht gegen etwas anderes aufzurechnen. Entsprechend kommt dieser absolute Wert, als Zweck in sich selbst, nur Personen zu. Alle relativen Werte können dann nicht mehr Grundlage der Ethik sein.

Ganz allgemein werden mit „Wert" Vorstellungen bezeichnet, die in einer Gesellschaft akzeptiert werden und sich auf das beziehen, was erstrebt und anerkannt wird. Insofern sind Werte von Akten der Wertschätzung abhängig. Deshalb sind Werte relativ zu historischen, kulturellen und gesellschaftlichen Bedingungen. Daher ist es fraglich, ob und wie eine über diese Kontexte hinausgehende Begründung von Werten überhaupt gelingen kann. Es stellt sich das Problem, wie sich Werte ihrerseits noch einmal bewerten lassen; ob es möglich ist, so etwas wie eine Wertehierarchie zu begründen, die helfen könnte, Wertkonflikte zu entscheiden. Trotz dieser Probleme wird der

Wertbegriff vor allem in politischen Zusammenhängen immer wieder gebraucht, um historisch kontingente Gebilde wie Nationen als Wertegemeinschaften zu integrieren, bzw. den Zusammenhalt dieser Nationen an eine durch Werte begründete „Leitkultur" zu binden. Auch hier stößt man immer wieder auf die Beobachtung, dass sich in allen gesellschaftlichen und kulturellen Bereichen Werte historisch wandeln. Wird der Wertbegriff polemisch gegen diesen Wandel gesetzt, erhält er eine konservative oder sogar restaurative Tönung und gerät leicht in den Ideologieverdacht.

Eine *Kritik am Wertbegriff* wird aus systemtheoretischer Sicht dadurch begründet, dass konsequent nach der Funktion und der Praxis des Wertens gefragt wird. Hier sind die Beobachtungen hilfreich, die Dirk Baecker zum Wertebegriff angestellt hat. Ihm zufolge besteht die Eigenart des Werts in seiner inneren Widersprüchlichkeit: Werte machen unterschiedliche Dinge vergleichbar, aber sie entziehen sich selbst dem Vergleich, indem sie das absolut Unvergleichbare und Wertvolle bezeichnen. Was kann man etwa gegen die Menschenwürde einwenden? Werte werden gebraucht, um die Kontingenz der Praxis des Bewertens zu kaschieren und diese Praxis gleichzeitig zu ermöglichen. Wären Werte in diesem Sinne eindeutig und in eine allen bekannte Hierarchie eingefügt, käme die Praxis des Vergleichens zum Ende, wie auch am Ende der Fußballbundesligasaison die Tabelle feststeht und ein Blick genügt, um den Platz eines Vereins in der Rangordnung zu bestimmen. Eine feste Skala der Werte wäre das Ende des Bewertens, weil es nichts mehr zu bewerten gäbe und jede Auseinandersetzung um den Wert eines Gegenstandes, einer sozialen Praxis, einer Person, selbst eines Werts sinnlos wäre, weil es genügte, einfach auf die „Abschlusstabelle" zu schauen. Bewertungen sind nie endgültig abschließbar, weil Werte als Grundlage von Bewertungen keine unveränderlichen, verlässlichen und allseits anerkannten Kriterien an die Hand geben. Daher stellen Werte einen unhinterfragten Hintergrund dar, der eine Orientierung ermöglicht, die nicht hinterfragt wird, oder besser: die besser nicht hinterfragt wird. Werte ermöglichen den Verzicht auf weitere Begründungen. Das macht deutlich, warum Werte nur so lange unproblematisch sind, wie nicht näher gefragt wird, was sie eigentlich bedeuten. Wenn

Werte der Diskussion ausgesetzt werden, verlieren sie wie ein Luftballon die Luft und zurück bleibt oft nur eine leere Hülle.

Einen unverbrauchteren Zugang zum Wertbegriff bietet die *angelsächsische Philosophie*. Dort werden Werte (values) schon immer so verstanden, dass sie ausdrücken, was Menschen für ihre Lebensführung für wertvoll halten. Ausgangspunkt dieses Wertverständnisses ist eine Differenzierung, die der amerikanische Philosoph John Dewey eingeführt hat. Er unterscheidet zwischen dem, was gewünscht (desired) und dem, was für wünschenswert (desirable) gehalten wird. Dieser Ansatz ist weitergeführt worden durch den ebenfalls amerikanischen Philosophen Harry Frankfurt. Für ihn besteht die menschliche Freiheit darin, sich zu seinen Wünschen (in Anlehnung an Emotionen spricht er genauer von Volitionen, Willensregungen) ins Verhältnis zu setzen und sich bestimmte von ihnen explizit zu eigen zu machen. Dies geschieht, indem diese Regungen durch höherstufige Wünsche, Volitionen zweiter Ordnung, beurteilt werden. Er geht dabei von der Alltagswahrnehmung aus, dass uns bestimmte Willensregungen gleichsam „überfallen"; sie entstehen, ohne dass wir genau sagen können, woher sie kommen. Aber wir gehen nicht allen diesen Willensregungen nach. Wir überprüfen sie vielmehr nach ihrem Realitätsgehalt (am liebsten würde ich jetzt das Büro verlassen und nach Hause gehen, aber es ist erst halb zwölf) und bewerten sie anhand dessen, was wir „eigentlich" wollen oder besser: was uns wirklich wichtig ist.

Hieran schließt der kanadische Philosoph Charles Taylor an, der Wertungen auf einer einfachen Ebene von sogenannten *„starken Wertungen"* unterscheidet. Auf der einfachen Ebene geht es um das, was Personen bevorzugen; manche essen z. B. lieber „Hörnchen" als „Schnecken" oder fahren lieber in die Berge als ans Meer in Urlaub. Es zeichnet Menschen aus, dass sie sich zu ihren Wünschen und Bewertungen reflexiv verhalten können: Sie können ihre Wünsche und Wertungen bewerten. Zum Beispiel würde jemand gerne im Winter an einen warmen Ort in Urlaub fliegen, aber er oder sie unterlässt dies, weil damit eine weite Flugreise verbunden ist, die aus ökologischen Gründen nicht wünschenswert ist.

Starke Wertungen sind in diesem Sinn Selbstinterpretationen, mit deren Hilfe sich Personen reflexiv auf die eigenen Wertungen, Meinungen und Haltungen beziehen. Das Konzept der starken Wertungen lässt sich als eine Selbststeuerung der Individuen beschreiben, mit deren Hilfe sie sich im sozialen Raum und in ihrer Biographie orientieren. Gewissermaßen kommt es zu einem Selbstbezug durch Selbstdistanzierung. Solche starken Wertungen haben die sprachliche Gestalt von Gegensatzpaaren wie höher und niedriger, edel und gemein, mutig und feige oder gut und böse.

Starke Wertungen sind nicht einfach Gegenstand einer zufälligen Wahl, man kann sich nicht einfach für sie entscheiden oder es auch sein lassen. Vielmehr gewinnen die Wertungen ihre Bedeutung innerhalb eines Rahmens. Für Taylor sind diese Rahmen (frameworks) die unhintergehbare Bedingung für die Ausbildung von Identität. Sie bestehen in der Zugehörigkeit zu einer bestimmten Kultur, zu einem bestimmten sozialen Geschlecht oder zu einer bestimmten gesellschaftlichen Schicht. Sie bilden als Hintergrundüberzeugungen die unentbehrliche Voraussetzung für das Verstehen von Personen und deren Handlungen. Diese Kontexte bilden den Hintergrund, vor dem das Leben verständlich und für die jeweilige Person führbar wird.

GÜTER

Unter Gütern versteht man in der Ethik ganz allgemein die Ziele menschlichen Strebens. Klassisch ist die Güterlehre des Aristoteles, der in der „Eudaimonia", der *Glückseligkeit*, das höchste Ziel des Lebens sieht. Die Übersetzung mit „Glückseligkeit" klingt etwas altbacken. Trotzdem ist es gut, daran festzuhalten, denn „Glück" kann in der deutschen Sprache unterschiedliches heißen: Glück im Sinne des glücklichen Zufalls (der sprichwörtliche Sechser im Lotto) oder der Zustand des Glücklichseins. Das eine Mal hat man Glück, das andere Mal ist man glücklich. Realistisch sieht Aristoteles, dass auch das Glücklichsein von äußeren Umständen abhängen kann. Aber im Kern geht es ihm um einen Zustand der Seele, der das Ganze des Lebens bestimmt.

Probleme entstehen, wenn man genauer fragt, was dieses Glücklichsein näher kennzeichnet. Seit der Antike wird das Lustvolle mit dem Guten in Verbindung gebracht, wenn nicht sogar gleichgesetzt.

Dann aber stellt sich die Frage, ob das Gute angestrebt wird, weil es gut ist, oder ob es angestrebt wird, weil es Lust bereitet. Offensichtlich ist das nicht dasselbe. Denn es ist die Frage, ob das, was Lust bereitet, deswegen auch gut ist. Es bedarf Kriterien, die näher bestimmen, was denn als gut gelten soll.

Aristoteles unterschied drei Arten von Gütern: äußere, leibliche und seelische, wobei die seelischen Güter für ihn die höchsten sind. Diese Vorordnung seelischer – und auch geistiger – Güter vor körperlichen und materiellen spiegelt sich auch in der Güterlehre von Augustinus wider, die für lange Zeit in Europa prägend war. Für ihn ist Gott das *höchste Gut* (summum bonum), alles andere sind abgeleitete Güter, die aber, weil von Gott geschaffen, auch gut sind. Die Frage ist, welchen Gebrauch Menschen von diesen Gütern machen. Augustinus unterscheidet zwischen gebrauchen (uti) und genießen (frui). Weil das wahre und höchste Gut jenseits weltlicher Ziele liegt, kommt es darauf an, die weltlichen Güter nicht um ihrer selbst willen zu genießen, sondern sie angemessen zu gebrauchen.

In der neueren Diskussion wird die Frage nach dem Ziel menschlichen Strebens neu gestellt. Im Rückgriff auf antike Traditionen ist es insbesondere Philippa Foot, die eine Orientierung am Guten vertritt. Glück, als Ziel des Strebens, wird von ihr verstanden als Freude am Guten, sowohl beim Verfolgen richtiger Ziele als auch bei deren Erreichen. Strebensethischen Ansätzen geht es um die Zielbestimmungen menschlichen Handelns. Nicht an den Absichten, sondern an den Ergebnissen entscheidet sich die Qualität einer Handlung oder Norm. Die Theorie, die diese Perspektive am klarsten formuliert, ist zugleich auch eine der einflussreichsten, der Utilitarismus.

Die Besonderheit des *Utilitarismus* (von lat. utilitas, Nutzen) ist, dass er Handlungen oder Normen nicht an sich beurteilt, sondern hinsichtlich des Nutzens, den sie erbringen bzw. zu erbringen versprechen. Seinen modernen Ursprung hat er im aufgeklärten Bürgertum Großbritanniens im 19. Jahrhundert. Er entstammt aus einer Verbindung sozialer Reformprojekte und ihrer philosophischen Reflexion. Er ist verbunden mit Forderungen nach Toleranz und politischer Partizipation, nach Meinungs- und Religionsfreiheit, nach effizienter staatlicher Bürokratie und einer liberalen Marktwirtschaft. Ein

Kennzeichen dieser Orientierung ist der Bezug auf den gesunden Menschenverstand (common sense). Der Utilitarismus urteilt streng rational: es geht um die rationale Abwägung von Handlungsalternativen oder handlungsleitenden Normen anhand von vier Kriterien: (1) die Beurteilung der Folgen einer Handlung (Konsequenzprinzip), die (2) an ihrem Nutzen gemessen werden (Utilitätsprinzip). Zudem (3) sind nicht beliebige Ziele ausschlaggebend, sondern nur solche, die in sich gut sind: vor allem die Bereitung von Lust und die Vermeidung von Unlust, bzw. die Befriedigung legitimer Interessen (hedonistisches Prinzip). Schließlich (4) geht es nicht um einen rationalen Egoismus, sondern um das Wohlergehen aller von einer Handlung betroffener Personen (Sozialprinzip). In der bekannten Kurzformel ausgedrückt: Es geht um das größtmögliche Glück der größtmöglichen Zahl.

Oft wird dem Utilitarismus vorgeworfen, es gehe in ihm ausschließlich um die Nutzenmaximierung unabhängig von Fragen der Gerechtigkeit. Dieser Vorwurf ist falsch. Denn Konflikte zwischen Utilitäts- und Sozialprinzip werden keinesfalls immer zu Lasten des letzteren entschieden. Dass bei der Güterverteilung Fairness zu gelten habe, ist im utilitaristischen Denken weitgehend unstrittig. Offen ist allerdings die Frage, welchem Prinzip grundsätzlich der Vorrang gebührt. Für die Ethik der Sozialen Arbeit ist dieser Ansatz deshalb von besonderem Interesse, weil er Kosten-Nutzen-Kalkulationen einen zentralen Stellenwert einräumt. Wenn diese nicht ökonomistisch missverstanden werden, sind diese dem Alltag Sozialer Arbeit nicht fremd. Viele Entscheidungen haben die Form einer *Güterabwägung*. Es ist dann nicht die Frage nach gut oder schlecht, sondern es geht um ein Mehr oder Weniger. Allerdings gibt es im Rahmen des Utilitarismus keine ausgearbeitete Theorie, wie die Güter oder die Übel, die es abzuwägen gilt, selbst zu bewerten sind. Nutzen ist ja kein Gut an sich, sondern bezieht sich auf die Dinge, die angestrebt werden. Deswegen bedarf der Utilitarismus zumindest einer Ergänzung durch Ansätze, die auf die Frage des Guten einen besonderen Wert legen. Der gegenwärtig am stärksten vertretene Ansatz ist der Capability Approach, auf den wir im 9. Kapitel ausführlicher eingehen werden.

Professionelles Selbstverständnis der Sozialen Arbeit als „Menschenrechtsprofession"?

In Deutschland bindet § 1 Abs. 1 SGB XII die Sozialhilfe inhaltlich an das Ziel, „den Leistungsberechtigten die Führung eines Lebens zu ermöglichen, das der Würde des Menschen entspricht." Damit wird die Soziale Arbeit zumindest implizit mit den Menschenrechten verknüpft. Diese zielen ja auf die Kodifizierung jener Rechte, die die Menschenwürde schützt und ermöglicht (auf Geschichte und Gehalt der Menschenrechte werden wir im 9. Kapitel ausführlicher eingehen). In der Geschichte der Sozialen Arbeit ist diese Verbindung nicht selbstverständlich. In ihren Anfängen stand sie vielmehr in einer ordnungspolitischen Tradition, die ihre Wurzeln in der Konzeption einer „guten Policey" hatte (dazu mehr im nächsten Kapitel). In internationalen Zusammenhängen ist die Bindung der Sozialen Arbeit an die Menschenrechte mittlerweile Standard. Dies zeigt sich zum Beispiel an den Dokumenten der International Federation of Social Workers (IFSW) und der International Association of Schools of Social Work. Für das Konzept der Sozialen Arbeit als Menschenrechtsprofession steht im deutschsprachigen Raum die Autorin Silvia Staub-Bernasconi. Ihr zufolge stecken die Menschenrechte den Bezugsrahmen für Diagnose, Theorie, ethische Beurteilung und Praxis Sozialer Arbeit. Diese Konzeptionierung wird in der sozialarbeitswissenschaftlichen Diskussion zum Teil sehr kritisch beurteilt, weil sie die Ursachen gesellschaftlicher Widersprüche aus dem Auge verliere und damit die Wissenschaft der Sozialen Arbeit auf eine Handlungstheorie beschränke.

Wie ist die Orientierung der Sozialen Arbeit an den Menschenrechten einzuschätzen? Wir sehen sie skeptisch. Für die Soziale Arbeit im deutschsprachigen Raum bedeutet die Kennzeichnung als Menschenrechtsprofession gleichzeitig zu viel und zu wenig. Gewinnen die Menschenrechte in erster Linie an den Fällen ihrer Missachtung Plausibilität, verlieren sie ihre Bedeutung für den sozialarbeiterischen Alltag. Explizite Menschenrechtsverletzungen wird man in den seltensten Fällen antreffen. In unserem Kontext kommen absolute Formen von Diskriminierung und Verfolgung – wenn überhaupt – nur in Einzelfällen vor. Niemand muss wegen seiner Religion oder ihrer sexuellen Orientierung um sein oder ihr Leben fürchten. Mädchen werden nicht vom Schulunterricht ausgeschlossen oder staatlich geduldet zwangsbeschnitten. Versammlungsfreiheit, Meinungsfreiheit und das Recht auf politische Partizipation wird niemandem willkürlich entzogen. Gesellschaftliche Ausschließung und die Verwehrung von Teilhabe finden sich in unserer Gesellschaft gleichwohl, sie haben jedoch keinen absoluten, sondern einen relativen Charakter. Keinem Kind wird aus sozialen oder ethnischen Gründen Schulunterricht verwehrt, gleichwohl ist der Schulerfolg – stärker noch als in vergleichbaren Ländern – vom sozialen Status und der Nationalität der Eltern abhängig. Absolute Armut ist in Deutschland ein Ausnahmefall, relative Armut verbreitet sich in den letzten Jahren stetig. An der Armutsdiskussion lässt sich die problematische Orientierung an starken wertenden Begriffen gut demonstrieren. Versteht man Armut im starken, also im absoluten, Sinn, dann ist Armut in unserer Gesellschaft kein Problem. Niemand muss verhungern müssen. Anders als absolute Armut ist relative Armut nicht so auffällig. Sie zeigt sich, wenn Kinder nicht an schulischen Aktivitäten teilnehmen können, weil die Kosten nicht aufgebracht werden können, sie zeigt sich an der Existenz von „Tafeln" und Second-Hand-Kaufhäusern. Wenn auf dem Schulhof die soziale Situation von Kindern an ihrer Kleidung abgelesen werden kann, ist das noch keine Menschenrechtsverletzung, aber es ist ein Indiz für Ausschließungsprozesse. Solche sind aber nicht einfach nur festzustellen, sondern auf ihre gesellschaftlichen und individuellen Bedingtheiten hin zu untersuchen.

Werden Menschenrechte als positive Zielbestimmungen formuliert, tendieren sie hingegen zur Überforderung der Sozialen Arbeit und ihrer Möglichkeiten. Ein Beispiel aus einer benachbarten Profession kann dies verdeutlichen. Die Weltgesundheitsorganisation (WHO) definiert in ihrer Verfassung Gesundheit als „Zustand des vollständigen körperlichen, geistigen und sozialen Wohlergehens". Der Besitz des bestmöglichen Gesundheitszustands wird als Grundrecht proklamiert. Damit liegt die Messlatte sehr hoch. Vollständiges körperliches, geistiges und soziales Wohlergehen ist im Lebenslauf eher eine Ausnahme als die Regel. Dass Gesundheit nicht als Abwesenheit von Krankheit zu verstehen ist und nicht allein körperliche, sondern auch geistige und soziale Phänomene umfasst, ist selbstverständlich zutreffend. Aber ihre vollkommene Realisierung ist eine Illusion. Das Wohlergehen wird durch vielerlei Faktoren beeinträchtigt, die zu einem „normalen" Leben gehören. Menschen werden alt und gebrechlich, sie trauern um verstorbene Angehörige und um gescheiterte Beziehungen, sie können nicht alle ihre Lebenspläne verwirklichen. Die Orientierung an zu erreichenden idealen Standards kann Professionelle nur überfordern. Die Differenz von Ideal und den realistischen Möglichkeiten muss ernst genommen werden, sie darf nicht nach der einen oder anderen Seite aufgelöst werden, denn dies würde entweder zu einem weltfremden Utopismus oder zu einem dem Status Quo verhafteten Pragmatismus führen. Die Professionalität der Profession zeigt sich nicht zuletzt darin, mit Hilfe von konkreten Utopien zwischen beiden Extremen zu vermitteln. Insofern sind Realitäts- und Möglichkeitssinn zentrale professionelle Tugenden der Sozialen Arbeit.

SELBSTREGULIERUNG DURCH BERUFSKODICES

Professionen zeichnen sich unter anderem dadurch aus, dass sie sich selbst regulieren. Sie legen Rechenschaft darüber ab, auf welchen Grundlagen ihre Arbeit beruht und welche Normen das Handeln der Professionellen bestimmen. Seinen Ausdruck findet das in Berufskodices, die durch berufsständische Organisationen entwickelt und für ihre Mitglieder als verbindlich beschlossen werden. Solche Berufskodices können eine Ethik der Sozialen Arbeit nicht ersetzen. Dazu sind sie zu allgemein formuliert und können daher spezifische Situationen nicht angemessen kontextuell erfassen. Dies gilt insbesondere für Kodizes internationaler Organisationen, die auf die Besonderheiten unterschiedlicher nationaler Mitgliedsverbände nur abstrakt eingehen können.

Gleichwohl haben solche Ethikkodices eine Funktion nach innen und außen. Nach außen dienen sie der *Legitimation Sozialer Arbeit* und proklamieren deren Zuständigkeit für bestimmte Problembereiche. Nach innen definieren sie die Grenze dessen, was als Verhalten von Sozialarbeiterinnen und Sozialarbeitern toleriert werden kann und was nicht. So formulieren etwa die Berufsethischen Prinzipien des DBSH, des Deutschen Berufsverbands für Soziale Arbeit, dass deren Mitglieder ihre Beziehungen zur Klientel nicht zum „ungerechtfertigten Vorteil" nutzen und ihre Beziehungen zur Klientel ausschließlich berufsbezogen gestalten. Mit anderen Worten: wer sich im Beruf persönliche Vorteile verschafft oder sexuelle Beziehungen zu Klientinnen und Klienten unterhält, ist als Sozialarbeiterin oder Sozialarbeiter nicht tragbar. Allerdings verfügt der Berufsverband nicht über Sanktionsmöglichkeiten, Fehlverhalten entsprechend zu ahnden. Das ist den Staaten anders, in denen, wie zum Beispiel in Großbritannien, die Zugehörigkeit zu einer Berufskammer Voraussetzung für die Anstellung als Sozialarbeiter oder Sozialarbeiterin ist. Entsprechend wird in Deutschland die Debatte, ob auch hier eine solche Kammer eingerichtet werden soll, kontrovers geführt.

Professionelle Soziale Arbeit benötigt reflektierte Zielbestimmungen, um ihre Aufgaben selbstbestimmt wahrnehmen zu können. Deshalb steht eine Ethik der Sozialen Arbeit nicht im Widerspruch zu deren Wissenschaftlichkeit, sondern ist ihr integraler Bestandteil. Allerdings ist zu fragen, ob die Autonomie Sozialer Arbeit nicht auf einer Selbsttäuschung beruht. Soziale Arbeit steht jedenfalls auch in der Tradition der „guten Policey". Dem wenden wir uns im nächsten Kapitel zu.

8. Die gute „Policey"

Die Soziale Arbeit hat vielfältige historische Wurzeln. Eine davon wird gerne verdrängt und spielt doch eine zentrale Rolle bis in die heutige Zeit: es ist die Tradition der „guten Policey" in der Zeit des (aufgeklärten) Absolutismus. Die alte Schreibweise beizubehalten ist sinnvoll, weil diese Policey vom 16. bis zum 18. Jahrhundert nur wenig mit der modernen Polizei gemeinsam hat. Seit dem 17. Jahrhundert ist Policey der Begriff für alle Mittel, die der Staat aufwendet, um die Ordnung aufrechtzuerhalten, seine Macht zu stärken und die Wohlfahrt der Untertanen zu steigern. Die Orientierung – auch – am Glück der Untertanen kennzeichnet die gute Policey als ein paternalistisches Projekt, das neben der Autorität und Macht des Monarchen gleichzeitig dessen Verantwortung für seine Untertanen und für den „gemeinen Nutzen" betont. Diese Politik spielt auf allen Feldern, in denen fehlende Ordnung zu Aufruhr oder zur Gefährdung der Bevölkerung führen kann. Es sind vor allem die Bereiche der Religion, der Wirtschaft, des öffentlichen Raums, des Luxus und des Spiels und nicht zuletzt die der Armen und der Gesundheit.

Im Hintergrund steht die Utopie eines „Polizeistaates", in dem alle Angelegenheiten wohlgeordnet und geregelt sind. Hier hat die Fürsorge ihren Ort, die insbesondere für die Armen, aber auch für die öffentliche Gesundheit zuständig ist. In der historischen Forschung hat sich die alte Interpretation, die die Policey allein als Instrument der Sozialdisziplinierung begriff, nicht halten können. Es handelte sich vielmehr um eine Form der Regierung, die die Bevölkerung als Objekt staatlichen Handelns entdeckte. Dabei waren Formen der Disziplinierung, so sie sich durchsetzen konnten, kein Selbstzweck, sondern dienten der Steigerung des – selbstverständlich aus der Perspektive der Herrschenden bestimmten – gesellschaftlichen Nutzens.

Das Verständnis der Fürsorge als Instrument staatlichen Handelns hat den Absolutismus überdauert. Auch nach der Trennung zwischen Armenpolicey und Gesundheitspolicey und der Verberuflichung und schließlich Professionalisierung von Sozialer Arbeit und Pflege bleibt das Verhältnis zum Staat und seinen Organen prekär. Seinen Ausdruck findet dies in der sozialarbeiterischen Debatte unter dem Begriffspaar Hilfe und Kontrolle sowie unter dem Begriff des doppelten Mandats. Um diese Diskussion aufzunehmen, ist es hilfreich, sich kurz den Formwandel der Hilfe in der gesellschaftlichen Entwicklung und die Entwicklung des Obrigkeitsstaates zum Sozialstaat vor Augen zu führen.

FORMWANDEL DER HILFE

Der Bedarf an Hilfe fällt in allen Gesellschaften an. In einfach strukturierten Gesellschaften, die Systemtheorie spricht hier von segmentären Gesellschaften, wird die Hilfeerbringung durch Wechselseitigkeit, *Reziprozität*, gewährleistet. Wer in einer Notlage Hilfe leistet, kann damit rechnen, dass andere sie oder ihn bei eigenen Notlagen unterstützen. Dies ändert sich, sobald die Gesellschaft nicht auf der Basis von Gleichheit, sondern von Ungleichheit strukturiert wird. Es entstehen Hierarchien, Statusunterschiede: Man spricht hier von stratifizierten, also geschichteten, Gesellschaften. Zwar bleibt das Prinzip der Wechselseitigkeit innerhalb der Schichten grundsätzlich gewahrt, aber über Status- und Hierarchiegrenzen hinweg lässt sich dieses Prinzip nicht mehr aufrechterhalten. Stattdessen wird die Erbringung von Hilfe *moralisch gefordert und religiös motiviert*. Hilfe erhält eine doppelte Funktion: sie dient weiterhin dem Bedarfsausgleich und darüber hinaus der Stabilisierung der Schichtunterschiede. Die Hauptformen der Hilfe sind in der mittelalterlichen Gesellschaft Europas das Hospital und das Almosen. Das Almosen wird zwar auch im unmittelbaren Kontakt zwischen Geber und Armen gegeben, häufig jedoch vermittelt über wohltätige Stiftungen und Vermächtnisse. In der Folge entkoppeln sich Hilfeerbringung und Finanzierung. Dies begünstigt die Entwicklung der klassischen Professionen, Priester, Ärzte und Juristen, die in außergewöhnlichen Lebenslagen helfen. Seit der frühen Neuzeit beginnen sich einzelne Funktionssysteme auszudifferenzieren. Mit der Entstehung des Territorialstaates wird die Regelung der öffentlichen Angelegenheiten zum Betätigungsfeld staatlicher Einrichtungen. Die oben skizzierte gute Policey ist hierfür das Mittel.

Im 19. Jahrhundert vollziehen sich gesellschaftliche Umbrüche, die auch das System der Hilfe grundlegend verändern. Mit der industriellen Revolution geht zunächst eine Verelendung großer Bevölkerungsgruppen einher. Während in den Städten dieses Elend in aller Regel nur verwaltet und durch massive Zwangsmittel flankiert wird, beginnen z. B. in den Kirchen und den jüdischen Gemeinden Einzelne Alternativen zu erproben. Diese religiös motivierten Initiativen zielten jedoch auf die Veränderung der Individuen und nicht auf die der Gesellschaft, im Gegenteil war deren Stabilisierung beabsichtigt. Anders stellt sich dies bei den aus der Frauen- oder Arbeiterbewegung erwachsenen Initiativen dar. Das Nebeneinander von privater und öffentlicher Wohlfahrtspflege wurde dabei jedoch als problematisch empfunden. Ein Kennzeichen bleibt jedoch für die Zukunft erhalten: Träger der Hilfe werden *Organisationen*. Damit wird die Erbringung von Hilfeleistungen zur Domäne von professionalisierten Fachpersonen.

Sozial- und Wohlfahrtsstaatlichkeit

Die Ende des 19. Jahrhunderts einsetzende Sozialgesetzgebung ändert daran nichts Grundsätzliches, zumal sie explizit als Maßnahme gegen die erstarkende Arbeiterbewegung und die Sozialdemokratie gerichtet war. Eine Sozialstaatlichkeit im engeren Sinne entsteht erst nach dem Zweiten Weltkrieg – auch als Reaktion auf die natio-

nalsozialistische Diktatur. Begrifflich ist es sinnvoll, zwischen Wohl-
fahrts- und Sozialstaatlichkeit zu unterscheiden. Während der Wohlfahrtsstaat auf die Verbesserung der Lebenssituation von möglichst
breiten Teilen der Bevölkerung zielt, ist der Sozialstaat eher defensiv
ausgerichtet, die Individuen sollen in die Lage versetzt werden, gesellschaftliche oder individuell verursachte Problemlagen zu bewältigen. Wohlfahrtsstaatliche Programme setzen auf die Vermehrung
von Sicherheiten, die Steigerung von Versorgungsleistungen und auf
die weite Verbreitung von Grundgütern über ein notwendiges Minimum hinaus, während sozialstaatliche Programme eher die Absicherung gegen Risiken und eine gerechte Verteilung von Gütern und
Lasten im Blick haben. So fordert das mit der Sozialstaatlichkeit verbundene Prinzip der sozialen Gerechtigkeit in erster Linie eine angemessene Verteilung der vorhandenen Güter und Chancen, während
der Wohlfahrtsstaat darüber hinaus eine Vermehrung solcher Güter
intendiert. Er ist daher stärker als der Sozialstaat auf wirtschaftliches
Wachstum angewiesen. In der politischen Praxis hingegen findet
sich eine je unterschiedliche Mischung beider Ansätze mit einem
Schwergewicht eher auf der Seite der Wohlstandsmehrung oder der
gerechten Verteilung.

In systemtheoretischer Begrifflichkeit beziehen sich Sozial- und
Wohlfahrtsstaat in unterschiedlicher Weise auf die Probleme der
Exklusion von Personen aus (Ausschließung) und die Inklusion in
(Teilhabe) die Teilsysteme der Gesellschaft: der Sozialstaat will Ex-
klusionen abbauen oder sie verhindern und ihrer Entstehung vorbeu-
gen, der Wohlfahrtsstaat strebt hingegen die *Inklusion* der gesamten Bevölkerung in das politische System an. Mehr noch, der Staat
wird zur Adresse von Erwartungen hinsichtlich der Minimierung von
Exklusionsrisiken und der Steigerung von Inklusionschancen. Wohlfahrtsstaatliche Hilfe bezieht sich damit nicht mehr allgemein nur
auf die Daseinsvorsorge, sondern auf die Förderung der Inklusion
in das Wirtschafts-, Bildungs-, Politik- und Gesundheitssystem sowie
das Familiensystem. Durch diese Entwicklung des Sozial- zum Wohlfahrtsstaat wird die Frage nach Art und Umfang von Ansprüchen und
Leistungen zu einem politischen Dauerproblem, das sich in Zeiten
knapperer finanzieller Mittel verschärft.

Der Begriff Sozialstaat taucht im deutschen Grundgesetz nicht auf. Art. 20 Abs. 1 spricht zwar davon, dass die Bundesrepublik Deutschland ein demokratischer und sozialer Bundesstaat sei, aber eine nähere Bestimmung dieses „Sozialen" findet sich nicht. Entsprechend politisch umstritten ist die Interpretation dieser Bestimmung. Die inhaltliche Ausgestaltung der Sozialstaatlichkeit vollzog sich in der Nachkriegszeit unter den Bedingungen einer ständig steigenden Wirtschaftsleistung und dem Modell einer *„sozialen Marktwirtschaft"*. Die Absicherung von Risiken wurde in der Regel in der Form von Versicherungssystemen vorgenommen, während Maßnahmen der Sozialhilfe durch Steuern finanziert wurden. Besonderes Kennzeichen der Sozialstaatlichkeit ist ihre Bindung an das Recht. Damit werden Leistungen der sozialen Sicherungssysteme und der Sozialhilfe zu Ansprüchen, die der oder die Betroffene im Zweifelsfall einklagen kann. So werden aus Hilfeempfängern Anspruchsberechtigte. Problematisch ist die mangelnde Konkretion des Sozialstaatsprinzips. Zwar legt die höchste Rechtsprechung, so auch im Urteil zu den sogenannten Hartz IV-Gesetzen am 9.2.2010, immer wieder dar, dass das Grundrecht auf Gewährleistung eines menschenwürdigen Existenzminimums jedem Hilfebedürftigen die materiellen Voraussetzungen sichert, „die für seine physische Existenz und für ein Mindestmaß an Teilhabe am gesellschaftlichen, kulturellen und politischen Leben unerlässlich sind." (so der erste Leitsatz des genannten Urteils, 1 BVL 1/09, 3/09, 4/09) Aber die Konkretisierung dieses Minimums liegt weitgehend in der Hand des Gesetzgebers.

Subsidiarität

Das Nebeneinander öffentlicher und privater Institutionen der Wohlfahrtspflege ist ein Erbe des 19. Jahrhunderts. Das Verhältnis zwischen ihnen wird bestimmt und legitimiert durch das Subsidiaritätsprinzip (von lat. subsiduum, Beistand, Hilfe, Unterstützung). Dabei steht die Eigenverantwortung der jeweils kleineren gesellschaftlichen Einheiten im Mittelpunkt. Subsidiarität hat hier zwei Funktionen: Zum einen wird die staatliche Zuständigkeit und Regelungskompetenz des Staates gegenüber den kleineren Einheiten begrenzt (*subsidiäre Reduktion*), zum anderen wird der Staat verpflichtet, diese Einheiten bei der Wahrnehmung ihrer Aufgaben zu unterstützen (*subsidiäre Assistenz*). Der Sache nach findet sich das Prinzip bereits in der antiken politischen Philosophie, seine spezifische Bedeutung hat es in der katholischen Soziallehre. Klassisch ist hier die Bestimmung in der Enzyklika Quadragesimo anno von Papst Pius XI. von 1931. Dort wird die Regel formuliert, dass dem Einzelnen das, was er für sich leisten kann, nicht gesellschaftlich entzogen werden darf. Hintergrund war die Einsicht, dass mit freiwilligen Verbänden und Assoziationen allein die sozialen Probleme nicht gelöst werden konnten. Daher musste der Staat die dafür notwendigen Bedingungen schaffen, gleichzeitig bestand jedoch die begründete Furcht, dass dieser zu stark in die Angelegenheiten der Individuen hineinreicht. Von römisch-katholischer Seite schien aufgrund der protestantischen Prägung Preußens und des deutschen Kaiserreiches sowie der Mehrheit nicht kirchlich gebundener politischer Parteien die Autonomie der katholischen Vereinigungen und das Elternrecht gefährdet zu sein. In diesem Sinne diente das Subsidiaritätsprinzip als Legitimation für die Ablehnung staatlicher Regelungen, die das Recht der Einzelnen, aber auch der konfessionell geprägten Gruppen und Verbände einschränken würde.

Im rechtlichen Sinn bedeutet Subsidiarität vor allem *Nachrangigkeit*. Verfassungsrechtlich ist umstritten, ob und inwieweit es als Prinzip im Grundgesetz beheimatet ist. Allerdings ist Subsidiarität in den Maastrichter Verträgen explizit als Strukturprinzip der EU formuliert. Hier bedeutet es, dass die Gemeinschaft dann Recht setzen kann, wenn auf staatlicher Ebene allein Regelungen nicht geeignet sind, die zugrundeliegenden Ziele zu erreichen. Im deutschen Recht spielt das Subsidiaritätsprinzip schon seit der Zeit der Weimarer Republik vor allem in der Sozialgesetzgebung eine Rolle, insbesondere in der Diskussion um die Reform des Sozialstaates. Hier kann das Prinzip so ausgelegt werden, dass zunächst, wie bei der Sozialhilfe, der Betroffene selbst, dann seine nächsten Angehörigen zur Unterstützung beitragen müssen, bevor der Staat einspringt. Eine besondere Brisanz hat dies durch die sogenannten Hartz IV-Reformen mit der Einführung des Arbeitslosengeldes 2 bekommen. An dieser Diskussion zeigt sich die Nähe des Subsidiaritätsprinzips zu liberalen Positionen, die allerdings von der katholischen Soziallehre bestritten wird.

Von Bedeutung war das Subsidiaritätsprinzip ebenfalls in der Debatte um die Rolle der freien Wohlfahrtspflege – insbesondere der kirchlichen Verbände – im modernen Sozialstaat. Im 1961 verabschiedeten Bundessozialhilfegesetz und dem Jugendwohlfahrtsgesetz wurde der Vorrang von Einrichtungen in freier Trägerschaft festgeschrieben. Kritiker sahen dies in der Folgezeit als Stärkung der Rolle der Kirchen in der zunehmend säkularisierten Gesellschaft.

HILFE UND KONTROLLE

Wie zu sehen ist, ist das Verhältnis zwischen Sozialer Arbeit und dem Staat sowohl auf der Ebene der Institutionen als auch der konkreten sozialarbeiterischen Praxis problematisch. Auf der Seite der Praxis wird dieses Problem an der Verhältnisbestimmung zwischen Hilfe und Kontrolle diskutiert. Seine Wurzel hat es jedoch in einer grundlegenden *Ambivalenz des modernen Rechtsstaats*, der gleichzeitig Organ von Herrschaft und Freiheit ist. Das Ideal des Rechtsstaates lässt sich in die Formel fassen: So viel Freiheit als möglich und so viel Herrschaft als nötig. Wobei sich das Verhältnis beider nicht abschließend feststellen lassen kann, sondern stets ein Feld gesellschaftlicher Auseinandersetzungen und Kämpfe markiert.

Folgt man der klassischen Definition Max Webers, so ist der Staat ein „politischer Anstaltsbetrieb", dessen Verwaltung erfolgreich „das Monopol legitimen physischen Zwanges für die Durchführung der Ordnung in Anspruch nimmt." (Wirtschaft und Gesellschaft, S. 29) Herrschaft wiederum wird von Weber charakterisiert als „die Chance, für einen Befehl bestimmten Inhalts bei angebbaren Personen Gehorsam zu finden." (S. 28) Auf dieser Basis lässt sich der *Herrschaftscharakter des Staates* so beschreiben: Mittels seiner Verwaltung und auf der Grundlage des Gewaltmonopols gewährleistet der Staat die Ordnung in seinen Grenzen dadurch, dass er die Einhaltung seiner grundlegenden Normen, die diese Ordnung umfasst, kontrolliert und bei Abweichung sanktioniert. Für den Rechtsstaat sind dabei die Bindung an das positive Recht und die bürokratische Verwaltung die Charakteristika. Insoweit die Soziale Arbeit staatlich garantierte Aufgaben übernimmt, hat sie Teil am Herrschaftscharakter des Staats, indem sie bestimmte Leistungen erbringt (Hilfe) und gegebenenfalls die Abweichung von grundlegenden Normen sanktioniert (Kontrolle). Anders als in der Diskussion innerhalb der Sozialen Arbeit oft angedeutet, benennt „Hilfe" nicht die „gute Seite" der Sozialen Arbeit und „Kontrolle" die „böse", vielmehr sind Hilfe und Kontrolle zusammen und gleichzeitig die Art und Weise, wie Soziale Arbeit in die Herrschaft des Staates eingebunden ist.

Der *Freiheitscharakter des Staates* besteht darin, dass die Freiheit, um wirklich zu werden, der Absicherung und der Garantie durch starke Institutionen bedarf; letztlich ist es der Rechtsstaat, der zum Garanten der individuellen Freiheit wird. Diese Gedankenfigur geht zurück auf den deutschen Philosophen Georg Wilhelm Friedrich Hegel. Diese politische Freiheit lässt sich durch die Unterscheidung „negativer" und „positiver Freiheit" näher charakterisieren. Negative Freiheit meint die „Freiheit von". Im Wesentlichen die Freiheit vor der Bevormundung durch andere, insbesondere durch den Staat. Diese findet ihren Ausdruck in den klassischen Schutzrechten wie z. B. den Schutz der Privatsphäre, den Schutz personenbezogener Daten, der Nichtdiskriminierung aufgrund von ethnischer Zugehörigkeit, Glauben oder Geschlecht. Positive Freiheit meint die „Freiheit zu". Sie räumt den Individuen Gestaltungsmöglichkeiten ein. Dazu gehören etwa die Freiheit der Religionsausübung, der politischen Partizipation und der freien Meinungsäußerung. Wie die jeweilige Person diese Freiheiten nutzt und gestaltet, bleibt ihrer Entscheidung überlassen.

Auch am Freiheitscharakter des modernen Staates hat die Soziale Arbeit dadurch Anteil, dass sie die schutzwürdigen Belange ihrer Nutzerinnen und Nutzer achtet und fördert und sich bemüht, jene helfenden Ressourcen bereitzustellen, die diese bei der Realisierung von Partizipation und Teilhabe unterstützt oder sie gar erst ermöglicht. Aber diese Aufgabe erfüllt sie in der ihr eigenen Gemengelage von Hilfe und Kontrolle. Soziale Arbeit ist der Ambivalenz des Staates von Freiheit und Herrschaft nicht entzogen, sondern hat an ihr teil, auch und gerade hinsichtlich der Hilfe. Hilfe und Kontrolle sind in der Praxis der Sozialen Arbeit wechselseitig aufeinander bezogen. Die Kontrolle dient der Hilfe, wie auch die Hilfe kontrollierende Anteile in sich trägt. Selbstverständlich ist das Verhältnis zwischen diesen Aspekten stets problematisch. Ebenso ist die Bestimmung dieses Verhältnisses Gegenstand der Auseinandersetzung in Theorie und Praxis Sozialer Arbeit. Wie beim staatlichen Handeln lässt sich dies in eine ähnliche, aber nicht gleichsinnige Formel fassen: So viel Hilfe und so viel Kontrolle als nötig. Anders als bei der Freiheit ist nämlich, wie wir schon gesehen haben, die Hilfe dahingehend ambivalent, als ein Zuviel an Hilfe den Empfänger oder die Empfängerin der Hilfe entmündigen kann. Ein Zeichen der Professionalität Sozialer Arbeit ist es, das jeweils angemessene Verhältnis zwischen Hilfe und Kontrolle auszutarieren und sowohl zu viel Hilfe als auch zu viel Kontrolle zu vermeiden. Gleichzeitig enthält der Zusammenhang von Hilfe und Kontrolle ein kritisches Korrektiv: Wenn die Kontrolle inhaltlich auf die Hilfe bezogen ist, dann sind alle Formen der Kontrolle abzulehnen, die nicht hilfreich sind.

DOPPELTES UND TRIPELMANDAT

Eng verbunden mit der Thematik von Hilfe und Kontrolle ist die, die mit dem Begriff des doppelten Mandates verbunden ist. Auch hier geht es um das Verhältnis der Sozialen Arbeit zum Staat, aber unter einer anderen Perspektive. Der Begriff „Mandat" bedeutet Auftrag oder auch Befehl. Doppeltes Mandat heißt, dass die Soziale Arbeit mit einer Beauftragung durch zwei verschiedene Auftraggeber konfrontiert ist. Auf der einen Seite ist dies, vermittelt über entsprechende Institutionen, der Sozialstaat, auf der anderen Seite sind dies die Nutzerinnen und Nutzer der Sozialen Arbeit. Beide Seiten richten unterschiedliche Erwartungen an die Professionellen. Dies sind zum einen die Ziele und das Selbstverständnis der sozialstaatlichen Gesetzgebung und der Träger der – zumeist öffentlich finanzierten – Einrichtungen. Zum anderen sind dies die Erwartungen der Nutzerinnen und Nutzer, in ihren Problemen der Lebensführung Unterstützung und Hilfe zu erfahren. Die Soziale Arbeit hat die Aufgabe der Mediation, des Ausgleichs zwischen den Rechten, den Interessen und Bedarfen der Nutzerinnen und Nutzer und den Interessen, rechtlichen Vorgaben und Zielbestimmungen der Träger und des Sozialstaates. Dieser Aushandlungsauftrag ist jedoch problematisch, weil er in ein Machtgefüge einbezogen ist mit der Gefahr, dass die Soziale Arbeit in erster Linie den Herrschaftscharakter ihrer Tätigkeit repräsentiert.

Im Verhältnis zu den Nutzerinnen und Nutzern entfaltet sich das doppelte Mandat in zwei mögliche Konstellationen: der – zumindest zum größten Teil – Entsprechung der Ziele von Nutzer und Träger oder des Konfliktes zwischen den beiden Mandaten. Während der erste Fall in der Regel als problemlos angesehen wird, stellt der zweite das Muster für viele alltägliche Probleme der Sozialen Arbeit. Jedoch auch die Entsprechung der Ziele und Interessen beider Seiten ist kritisch zu hinterfragen. Denn die Motive dafür können auf Seiten der Nutzer recht unterschiedlich ausfallen. Es ist etwas anderes, ob Betroffene den Angeboten und Interventionen aus aufgeklärter Einsicht zustimmen, oder ob sie in diese aus vorauseilendem Gehorsam oder wegen ihrer vermeintlichen Alternativlosigkeit einstimmen. Den Konfliktfall haben wir im vierten Kapitel unter dem Stichwort Compliance bereits thematisiert. Unter der Problematik des doppelten Mandats erfährt dies eine Erweiterung. Denn es sind nicht allein die Vorstellungen der Sozialarbeiterin oder des Sozialarbeiters, mit denen Nutzerinnen und Nutzer konfrontiert sind. Durch diese Vorstellungen werden sie ebenso mit *Normalitätserwartungen der Gesellschaft* und des Staates konfrontiert. Sozialarbeiterinnen und Sozialarbeiter verschwinden als Personen nicht einfach zwischen den Ansprüchen beider Mandatare, sondern sie verorten sich selbst mit ihren Vorstellungen und Interessen im Feld der Auseinandersetzung zwischen diesen Ansprüchen.

Noch komplexer wird dieser Zusammenhang, wenn man mit Silvia Staub-Bernasconi nicht von einem doppelten, sondern von einem Tripelmandat der Sozialen Arbeit ausgeht. Mandatar ist hier die Profession der Sozialen Arbeit. Die Profession erwartet ihr zufolge von der Praxis, dass sie sich an der professionstypischen Wissenschaftlichkeit und Methodik (State of the Art) sowie den berufsethischen Standards orientiert. Soziale Arbeit hat die Erwartungen der staatlichen und der Nutzerseite im Blick auf die eigene professionelle Fachlichkeit hin zu reflektieren. Dabei ist Soziale Arbeit in weiten Teilen an rechtliche Vorgaben gebunden.

Soziale Arbeit ist in großen Teilen in ihren Befugnissen und Einschränkungen durch die Regeln der Sozialgesetzgebung bestimmt. Damit wird ihr der Rahmen, in dem sie tätig wird, weitgehend definiert und nur innerhalb dieses Rahmens hat sie hinsichtlich der Ausgestaltung der Leistungen eine relative Autonomie. Allerdings schränkt die *Verrechtlichung* die Soziale Arbeit nicht nur ein. Nutzerinnen und Nutzer werden durch die rechtliche Reglung von Hilfeempfängern zu Anspruchsberechtigten. Die Bereitstellung von Leistungen wird zu einem – zumindest grundsätzlich – einklagbaren Recht. Auch die jeweils einzelne Entscheidung lässt sich im Konfliktfall rechtlich überprüfen. Zudem wird die Position der Nutzerinnen und Nutzer gegenüber der Autonomie der Professionellen gestärkt. Damit wird das strukturelle Ungleichgewicht zwar nicht beseitigt, aber doch in relevanten Zusammenhängen gemindert.

Welche Möglichkeiten Soziale Arbeit hat, wird somit nicht durch sie selbst, sondern über das Recht durch die Politik bestimmt. Mag Soziale Arbeit nun ein politisches Mandat haben oder es sich zuschreiben, faktisch kann sie es so oder so nur nutzen, indem sie soziale Missstände und (verteilungs-)politische Schieflagen analysiert und öffentlich macht, ohne dabei eine eigenständige Regelungskompetenz zu besitzen.

9. Die gute Gesellschaft

Die damalige britische Premierministerin Margaret Thatcher sagte 1987 in einem Interview mit der Frauenzeitschrift „Women's Own" ihren wohl meistzitierten Satz: „So etwas wie Gesellschaft gibt es nicht." Und sie fuhr weiter fort: „Es gibt einzelne Männer und Frauen und es gibt Familien." Das ist zwar ähnlich plausibel wie die Aussage, es gäbe keine Musik, sondern nur Töne und Akkorde, aber die Frage, ob Gesellschaft jenseits des Handelns individueller Akteure eine eigene Realität besitzt, beschäftigt die Wissenschaft der Gesellschaft seit ihren Anfängen. Das Wort „sozial" in „Soziale Arbeit" steht für diesen gesellschaftlichen Bezug; oft genug ist jedoch nicht klar, was damit genauer gemeint ist.

Sozial und das Soziale

In der antiken Tradition wurden die Begriffe „sozial" und „politisch" synonym gebraucht. Für Aristoteles ist der Mensch ein „zoon politikon", ein gemeinschaftlich lebendes Tier. Die politische Gemeinschaft macht erst den Menschen zum Menschen; nur in der Polis, der Stadt, ist ein gutes Leben möglich. In seiner Erörterung des politischen Lebens beginnt Aristoteles mit der kleinsten politischen Einheit, dem Haushalt (dem „oikos", deswegen ist die Lehre vom

Handeln in dieser Einheit die „oikonomia"). In der lateinischen Übersetzung durch Thomas von Aquin wird aus dem „zoon politikon" ein
„animal sociale". Zwischen dem Politischen und dem Gesellschaftlichen wird erst seit dem 18. Jahrhundert unterschieden. Dies geht
zurück auf Jean-Jacques Rousseau, bei dem das Politische durch
das Soziale konstituiert wird: Der Gesellschaftsvertrag ist die Grundlage für die politischen Institutionen.

In der deutschen Tradition ist *die Unterscheidung zwischen Staat
und Gesellschaft* verbunden mit der Philosophie Hegels, für den die
(bürgerliche) Gesellschaft die Instanz ist, die zwischen Familie (als
kleinster Einheit) und Staat tritt. Für Hegel besteht die Gesellschaft
aus Privatpersonen, die ihre eigenen Interessen verfolgen, dabei
aber von den anderen Mitgliedern der Gesellschaft abhängig sind.
Diese Abhängigkeit bewirkt ein „System der Bedürfnisse" als sich
ständig reproduzierendes Beziehungsgeflecht der Bürger. Daher ist
das individuelle Handeln gesellschaftlich vermittelt und auch nur so
möglich. Von dieser – im Kern ökonomisch strukturierten – bürgerlichen Gesellschaft ist der Staat strikt unterschieden, der als „Wirklichkeit der sittlichen Idee" (Grundlinien der Philosophie des Rechts,
§ 257) und als das „an und für sich Vernünftige" verstanden wird.
Diese oft fehlgedeuteten Bestimmungen beruhen darauf, dass die
Individuen ihre Besonderheit dem Allgemeinen verdanken; die Freiheit der Einzelnen beruht auf der Einheit der objektiven Freiheit. Oder
anders gesagt: Nur wenn das Individuum im Ganzen aufgeht, in ihm
„aufgehoben" ist, kann es wirklich zu sich selbst kommen, indivi-
duiert sein. Die Sozialität geht der Individualität begrifflich voraus.
Hegel sieht die sich etablierende Gesellschaft durchaus kritisch. Die
Orientierung an den eigenen Zwecken führt zu einem Verlust der Sittlichkeit, was zuallererst herrschaftliche Interventionen nötig macht.
Ebenso sieht er, wie die Anhäufung von Kapital in den Händen weniger einhergeht mit der Verelendung von gesellschaftlichen Klassen.
Hier ist es Aufgabe der Polizei (im Sinne der „guten Policey"), auf
diese Situation mit Interventionen zu reagieren. Zielbestimmung ist
der „Fortschritt im Bewusstsein der Freiheit". Die Geschichte hat für
Hegel ein Ziel, das sich so oder so durchsetzen wird. Deshalb bleibt
Hegels Beschreibung der Gesellschaft, auch wenn sie die aktuellen

Entwicklungen kritisch betrachtet, trotzdem von der aktiven Gestaltung der Verhältnisse weit entfernt. Diesen Schritt vollzieht dann explizit Karl Marx.

Seit dem 18. Jahrhundert markiert der Begriff „sozial" aber nicht allein den Bezug zur Gesellschaft, sondern auch den auf bestimmte Problemlagen, die als *soziale Frage"* und als Feld einer sich etablierenden „Sozialpolitik" thematisiert werden. Dabei hat die im 19. Jahrhundert entstehende Sozialpolitik ihre Vorläufer in der im vorigen Kapitel angesprochenen Tradition der „guten Policey". Die Soziale Arbeit etabliert sich in dieser Entwicklung als eine Form der Behandlung sozialer Probleme. Das „Soziale" der Sozialen Arbeit markiert einen doppelten Bezug: den zur Gesellschaft und den auf eine spezifische Bearbeitung der durch diese Gesellschaft (mit)verursachten Problemlagen. Damit verweist es auf einen zentralen Standard: die Gerechtigkeit.

SOZIALE ARBEIT UND GESELLSCHAFTSTHEORIE

Soziale Arbeit ist eine besondere Form gesellschaftlicher Praxis. Ohne eine Vorstellung, wie die Gesellschaft „funktioniert", vollzieht sich diese Praxis im Blindflug. Denn Aufgabe der Sozialen Arbeit, so eine bereits mehrfach herangezogene Definition, ist die Bearbeitung gesellschaftlich verursachter Notlagen mit den von ihnen betroffenen Personen. So stellt sich für die Wissenschaft und die Praxis der Sozialen Arbeit die Aufgabe, nach den Mechanismen zu fragen, die diese Notlagen bedingen oder gar verursachen. Allerdings kann im Rahmen dieses Lehrbuchs keine Einführung in die Theorie der Gesellschaft präsentiert werden. Doch kann und muss gefragt werden, wie das Verhältnis zwischen der Wissenschaft und Praxis Sozialer Arbeit und der Gesellschaftstheorie zu bestimmen ist.

Soziale Arbeit ist keine angewandte Gesellschaftstheorie. Grundsätzlich lassen sich solche Theorien nicht bruchlos in die Praxis übertragen. Jedoch bieten Gesellschaftstheorien einen Reflexionsrahmen und eine bestimmte Perspektive auf die Entstehung der Probleme, mit denen Soziale Arbeit beschäftigt ist. Versteht man Gesellschaft im Gefolge der marxistischen Tradition als eine im Wesentlichen durch ihre Produktionsweise und die korrespondierenden Produktionsverhältnissen bestimmte Klassengesellschaft, so folgt daraus ein anderes Bild – und auch eine andere Praxis – als wenn man sie in der Tradition der Systemtheorie Niklas Luhmanns als funktional differenzierte Gesellschaft beschreibt. Im ersten Fall hat Soziale Arbeit mit herrschaftsbedingten Ausbeutungs-, Entfremdungs- und Verelendungsprozessen zu tun, im zweiten mit den Folgen gesellschaftlicher Exklusions- und Inklusionsverhältnisse. Im aktuellen sozialarbeitswissenschaftlichen Diskurs wird dementsprechend kontrovers die Frage diskutiert, ob die Bezugsprobleme Sozialer Arbeit eher auf Ausgrenzungs- bzw. Ausschließungsprozessen oder auf Inklusions-/ Exklusionsverhältnissen beruhen.

Es spricht vieles dafür, sich sozialarbeitstheoretisch nicht auf einen gesellschaftstheoretischen Zugang zu beschränken, sondern multiperspektivisch nach dem theoretischen Vokabular zu suchen, welches spezifische Problemlagen am angemessensten beschreibt und gleichzeitig andere theoretische Zusammenhänge dafür zu nutzen, die „blinden Flecke" zu bestimmen, die jede theoriegeleitete Beobachtung unvermeidlich hat.

GESELLSCHAFT – NORMATIV ODER DESKRIPTIV

Gehören gesellschaftliches Sein und normatives Sollen verschiedenen Welten an oder geht das eine aus dem anderen hervor? In der deutschen philosophischen Tradition stehen für diese Frage beispielhaft die Positionen von Immanuel Kant und Georg Wilhelm Friedrich Hegel. Während für Kant das Sollen allein Gegenstand der reinen praktischen Vernunft ist, also gleichsam empiriefrei bestimmt werden muss, fließen bei Hegel gesellschaftliches Sein und Sollen im Begriff der Sittlichkeit zusammen. Die Leitbegriffe Kants sind Autonomie und Vernunft, die für ihn eng zusammengehören und letztlich identisch sind. Nur wenn die Forderungen der Moral rein vernünftig sind, lässt sich Autonomie verwirklichen; und nur die Autonomie verdient ihrer Namen, die nichts anderes ist als reine Selbstbestimmung, reine Selbstgesetzgebung. Vernünftig kann nur sein, was von keinen äußeren Bestimmungen geprägt ist, dem sich nichts Empirisches beimischt. Das bedeutet, dass nichts von außen hinzukommen darf, um die praktische Vernunft zu bestimmen. Deswegen dürfen die

Prinzipien der praktischen Vernunft auch nicht von ihrer erfolgreichen Umsetzung abhängig gemacht werden. Bei Hegel hingegen wird, wie oben bereits angesprochen, die Sittlichkeit der Individuen durch die gesellschaftlichen Institutionen verbürgt, da in ihnen die moralische Vernunft im Kern als schon verwirklicht verstanden werden muss. Insofern ist der Staat „die Wirklichkeit der sittlichen Idee" (s.o.). Fragen z. B. nach Gerechtigkeit können dann nicht mehr gleichsam von außen an Staat und Gesellschaft herangetragen werden, sondern was Gerechtigkeit bedeutet, lässt sich nur erläutern im Blick auf die normativen Vorstellungen, die gesellschaftlich schon institutionalisiert sind. Die Differenz zwischen beiden Positionen liegt darin, dass entweder die Kriterien zur moralischen Beurteilung der Gesellschaft unabhängig von ihr zu begründen und dann auf sie anzuwenden sind oder aber aus dem gesellschaftlichen Sein heraus erst entwickelt werden müssen.

Geht man davon aus, dass gesellschaftliches Sein und normatives Sollen verschiedenen Sphären angehören, folgt daraus, dass die Analyse der Gesellschaft ohne moralische Bewertung, also „wertfrei", durchgeführt werden muss. Diese Forderung war Gegenstand des sogenannten „Werturteilsstreits" in der deutschen Soziologie zu Beginn des 20. Jahrhunderts. Diese Kontroverse basierte auf der These Max Webers, dass eine empirische Wissenschaft (wie die Soziologie) keine Normen und Werte begründen könne und solle. Gesellschaftliche Normen und Werte sind allenfalls Gegenstand der Beschreibung der Gesellschaft; insofern ist Gesellschaftstheorie immer deskriptiv und in keinem Fall selbst normativ. Dahinter steckt die viel grundlegendere Frage, ob Normen und Werte überhaupt für alle verbindlich – und damit vernünftig – begründet werden können, oder ob sie letztlich nur eine Angelegenheit subjektiver Überzeugungen sind.

Diese Gegenüberstellung ist letztlich zu vereinfachend. Im Rückgriff auf die Sprechakttheorie macht Jürgen Habermas deutlich, dass mit sprachlichen Aussagen unterschiedliche Geltungsansprüche verbunden sind. So beziehen sich konstantive (feststellende) Sprechhandlungen auf die objektive Welt und erheben den Anspruch auf Wahrheit, während regulative sich auf die soziale Welt beziehen und den Anspruch auf Richtigkeit erheben. Die Geltung der entsprechenden Ansprüche wird in unterschiedlichen Argumentationsformen überprüft, im einen Fall in theoretischen, im anderen in praktischen Diskursen. Normative Aussagen sind demzufolge zwar nicht im engen Sinne wahrheitsfähig, aber trotzdem der vernünftigen Argumentation zugänglich. Praktische Fragen haben darüber hinaus, darauf sind wir im 2. Kapitel bereits ausführlich eingegangen, eine unterschiedliche Reichweite; Habermas spricht hier vom moralischen, ethischen und pragmatischen Gebrauch der praktischen Vernunft.

Doch selbst wenn gezeigt werden kann, dass normative und Wertfragen einer rationalen Überprüfung zugänglich sind, lässt sich daraus nicht ableiten, ob eine Theorie der Gesellschaft „wertfrei" erarbeitet werden soll oder kann.

Offen geblieben ist bislang die inhaltliche Frage, an welchen Maßstäben gemessen eine Gesellschaft sich als „gut" erweist. Die traditionelle und bis in die Gegenwart wirkmächtigste Bestimmung ist die Verpflichtung auf Gerechtigkeit. Dem soll im Folgenden ausführlicher nachgegangen werden.

Gerechtigkeit

Die Frage nach der Gerechtigkeit – sowohl der einzelnen Person als auch des Gemeinwesens – ist universal. Aber nicht nur die Frage ist universal, eine Reihe bestimmter Vorstellungen war zu allen Zeiten und ist in unterschiedlichen Kulturen präsent, etwa Regeln der Gegenseitigkeit oder der Fairness und Gleichbehandlung. Zwar unterscheiden sich Gerechtigkeitsvorstellung nach Inhalt und Reichweite (z. B.: Sind nur die Mitglieder der eigenen Gruppe gleich oder fair zu behandeln oder sind auch Außenstehende einzubeziehen?), dass aber bestimmte Standards gelten sollen, ist unumstritten.

In den Texten des *alten Orients* und *Ägypten* hat Gerechtigkeit eine konnektive, verbindende, Bedeutung. Diese Verbindungen umfassen die komplette Ordnung der Welt: sowohl z. B. das Verhältnis des Herrschers zur Götterwelt als auch das Verhältnis des oder der Einzelnen zu den größeren Einheiten wie Familie oder Volk. Gerechtes Handeln in diesem Sinn ist ein solches, das Gemeinschaft fördert oder erhält, ungerechtes solches, das Gemeinschaft zerstört oder bedroht. Daher zielt Gerechtigkeit auf Ausgleich, entsprechend gilt als Rechtsprinzip die „Talion" (die Vergeltung im Sinne: Gleiches für Gleiches) als Ausgleichsrecht. In der *frühen christlichen Tradition* knüpfen vor allem die Evangelien an die Hebräische Bibel an, wenn die Einhaltung der Gebote Gottes als Gerechtigkeit bezeichnet wird. Allerdings wird die Gerechtigkeitsforderung radikalisiert und auf das Ende der Zeit bezogen. Inhaltlich bestimmt wird Gerechtigkeit weiterhin durch die „Goldene Regel" in ihrer positiven („Behandele andere so, wie du von ihnen behandelt werden willst.") wie negativen („Was du nicht willst, dass man dir tu...") Version. Gebrochen wird das traditionelle Verständnis dadurch, dass das Liebesgebot als Schlüssel für die Frage nach dem richtigen Handeln eingesetzt wird. Das Handeln aus Liebe ist die „bessere Gerechtigkeit".

Noch die heutigen Gerechtigkeitsdebatten sind geprägt durch die Begrifflichkeit und die grundlegenden Bestimmungen, die in der griechischen Philosophie durch Platon und Aristoteles geprägt wurden. Bei *Platon* ist Gerechtigkeit der Inbegriff einer Ordnung, die nicht allein das Gemeinwesen, sondern auch die menschliche Seele bestimmt. Dem oberen Seelenteil (Vernunft) entspricht als Tugend die Klugheit, dem mittleren Seelenteil (Mut) die Tapferkeit, dem unteren Seelenteil (Begehren) die Mäßigung. Wenn die unterschiedlichen Seelenteile harmonieren, entwächst dem als Krönung die Gerechtigkeit als Grundtugend. Diese Aufteilung hat ihre Entsprechung in der Polis, in der den jeweiligen Seelenteilen politische Stände entsprechen (Philosoph, Krieger, Handwerker). Gerecht ist der Mensch, wenn jeder Seelenteil das ihm Angemessene tut, gerecht ist der Staat, wenn jeder die ihm entsprechende Aufgabe erfüllt. So lautet auch Platons klassische Bestimmung, „dass das Seinige tun und sich nicht in vielerlei einzumischen, Gerechtigkeit ist." (Politeia 433a). Und wie die Vernunft über Mut und Begehren herrschen soll, so sollen auch die Vernünftigen im Gemeinwesen herrschen.

Die wirkmächtigste Erörterung der Gerechtigkeit findet sich im fünften Buch der „Nikomachischen Ethik" des *Aristoteles*. Er knüpft an Platon an und spezifiziert eine Reihe unterschiedlicher Bedeutungen und Anwendungsfälle der Gerechtigkeit. Zunächst ist für ihn die Gerechtigkeit die vollkommene Tugend, so etwas wie eine allgemeine Rechtschaffenheit, die sich im Beachten der Gesetze, dem Verzicht auf Übervorteilung und der Achtung von Gleichheit zeigt. Von dieser allgemeinen Gerechtigkeit unterscheidet Aristoteles die in einem engeren Sinn, die sich auf rechtlich geregelte Zusammenhänge bezieht. Diese variiert je nach Anwendungsbereich: Zum einen gibt es eine *Gerechtigkeit bei der Verteilung von Gütern*, zu denen auch immaterielle Güter wie etwa Ehre gerechnet werden (in der klassischen, von Thomas von Aquin geprägten Terminologie: iustitia distributiva) zum anderen im *wechselseitigen Austausch* (iustitia commutativa). Diese hat wiederum zwei Anwendungsfälle, einen zivilen (bei Verträgen, Kauf oder Tausch) und einen politisch-rechtlichen im Strafrecht (iustitia correctiva). Die Pointe dieser Unterscheidung ist, dass in den unterschiedlichen Anwendungsbereichen unterschiedliche Gleichheitsmaßstäbe angelegt werden müssen. Entsprechende Fälle sind anders zu handhaben, je nachdem, ob Gleiches gleich oder Ungleiches ungleich behandelt werden soll. Sinnbild der ausgleichenden Gerechtigkeit ist die Waage, die bis heute als Symbol der Gerechtigkeit dient: Der Inhalt der beiden Waagschalen muss sich entsprechen, damit es zum Ausgleich kommt. Bei der iustitia correctiva müssen z. B. Strafe und Tat in einem angemessenen Verhältnis sein, bei der iustitia commutativa Leistung und Gegenleistung in einem Vertrag. Die austeilende Gerechtigkeit hingegen ist mit legitimen Ungleichbehandlungen verbunden. Maßstab ist nicht die Gleichheit, sondern die Proportionalität: „Wie die Sachen, so müssen auch die Personen sich verhalten. Sind sie nämlich einander nicht gleich, so dürfen sie nicht Gleiches erhalten." (Nikomachische Ethik 1131a)

Ihren bekanntesten Ausdruck hat diese Vorstellung in der vom römischen Juristen Ulpian (3. Jhdt. n. Chr.) stammenden Formulierung erhalten: „Iustitia est constans et perpetua voluntas ius *suum cuique* tribuendi." („Die Gerechtigkeit ist der feststehende und dauernde Willen, einem jeden sein Recht zuzuteilen.") Das Problem dabei liegt in der Bestimmung des Maßstabs: Beruht er auf den Verdiensten, den Leistungen, den Bedürfnissen, der gesellschaftlichen Position, den Chancen oder hat grundsätzlich jeder und jede dasselbe zu erhalten? Die iustitia commutativa entspricht den Regeln des Tausches, es geht um die Bewertung von Leistung und Gegenleistung.

Auch hier ist der Maßstab problematisch: Liegt er im Nutzen, in der Seltenheit, dem monetären Wert, der eingehenden Leistung, dem übernommenen Risiko? Zudem wird die Gleichheit der Tauschenden schlicht unterstellt. Dies ist aber real zumeist dann nicht der Fall, wenn Abhängigkeiten oder Machtgefälle vorliegen. Die iustitia legalis bestimmt sich durch die Übereinstimmung mit den rechtlichen Regelungen innerhalb einer Gemeinschaft. Hier liegt das Problem zu einen in der reflexiven Frage nach der Legitimität des Rechtes selbst sowie der wiederum unterstellten Gleichheit. „Die großartige ‚Gleichheit vor dem Gesetz' verbietet den Reichen wie den Armen, unter Brücken zu schlafen, auf den Straßen zu betteln oder Brot zu stehlen", spottete Anatol France.

Die aktuellen Debatten um Gerechtigkeit knüpfen in der Regel an das Buch von *John Rawls* aus dem Jahr 1975, „Eine Theorie der Gerechtigkeit", an. Rawls greift Theorien des Gesellschaftsvertrages auf und begreift Gerechtigkeit als Fairness. Um hierfür Maßstäbe zu erhalten, konstruiert er hypothetisch eine *Ursprungssituation* (original position), in der alle Beteiligten im Sinne einer Klugheitswahl die Verteilung von Gütern und Chancen regeln. Dabei liegt über den Beteiligten ein *Schleier des Unwissens* (veil of ignorance), d. h. sie kennen weder ihre Stellung in der Gesellschaft noch andere Faktoren, die Ungleichheit beinhalten. Im Blick auf die gesellschaftliche Gerechtigkeit ergeben sich dabei zwei, genauer drei Grundsätze: „Jedermann hat gleiches Recht auf das umfangreichste Gesamtsystem gleicher Grundfreiheiten, das für alle möglich ist." Und: „Soziale und wirtschaftliche Ungleichheiten müssen folgendermaßen beschaffen sein: (a) sie müssen unter der Einschränkung des gerechten Spargrundsatzes den am wenigsten Begünstigten den größtmöglichen Vorteil bringen, und (b) sie müssen mit Ämtern und Positionen verbunden sein, die allen gemäß fairer Chancengleichheit offenstehen." (Rawls 1975: 336)

Der erste Grundsatz formuliert das klassische liberale Prinzip der individuellen Freiheit. Jeder und jede muss die Möglichkeit haben, seine oder ihre eigenen Vorstellungen von einem gelingendem Leben zu entwickeln und anzustreben, diese zu realisieren. Eingeschränkt ist diese Freiheit nur dadurch, dass sie mit der Freiheit der anderen Mitglieder der Gesellschaft gemeinsam bestehen kann. Diese Freiheit muss zudem rechtlich verbürgt sein, ein liberaler Freiheitsstaat ist immer zugleich Rechtsstaat. Die Grundsätze zwei und drei formulieren Prinzipien der Verteilung von Gütern und Positionen. Für die Verteilung von Gütern gilt Rawls zufolge die sogenannte Maximin-Regel: Ungleichheit gilt nur dann als gerechtfertigt, wenn von der Ungleichverteilung die am schlechtesten Gestellten am meisten profitieren. Dieses Prinzip folgt aus dem Schleier des Nichtwissens, da kein Beteiligter Informationen über seine gesellschaftliche Position hat, weswegen es klug ist, die Risiken für vergleichsweise schlechter gestellte Personen zu minimieren. Bei der Verteilung von Ämtern darf nach Rawls – und hier hat er vor allem die amerikanischen Verhältnisse vor Augen – die gesellschaftliche und ökonomische Position nicht den Zugang zu Ämtern behindern.

Gegen das Konzept von Rawls wendet sich vor allem die Kritik der sogenannten Kommunitaristen. Ihnen zufolge ist das Konzept zu abstrakt und übersieht, dass die Vorstellungen vom guten und gerechten Leben in den Gemeinschaften verwurzelt sind, in denen Menschen leben. Rawls' Menschenbild sei das eines freien und ungebundenen Selbst, das ohne historische und traditionelle Wurzeln existiere, also eine Fiktion. Stattdessen müsse von den Wertvorstellungen und Tugenden einer Gemeinschaft ausgegangen werden, die allerdings selbst wieder kritisch gegen die bestehenden Gemeinschaften gerichtet werden können bzw. müssen (so z.B. Michael Walzer).

Die oben genannten Anfragen an eine Gerechtigkeitstheorie sollen nun aufgegriffen werden. Diese Anfragen betrafen zum einen das Verhältnis von Gerechtigkeit und Gleichheit, zum anderen die Frage nach formalen oder inhaltlichen Maßstäben der Verteilung, des Weiteren das Verhältnis von Gerechtigkeit und Recht. Zuerst soll aber die radikalste Kritik an Gerechtigkeitstheorien diskutiert werden, der zufolge Gerechtigkeit im Kapitalismus Ideologie sei.

Gerechtigkeit ist im Kapitalismus Ideologie

In der klassischen Gerechtigkeitstheorie sind die zentralen Anwendungsfälle der Tausch und die Verteilung. Für beides wird nach den gerechten Maßstäben gesucht. Dabei wird vorausgesetzt, dass die Umstände, unter denen getauscht und verteilt wird, nicht selbst noch hinterfragt werden. Kann es aber unter „ungerechten" Bedingungen so etwas wie einen gerechten Tausch oder eine gerechte Verteilung überhaupt geben? Aus einer marxistischen Perspektive stellt sich der Tausch (sei es auf dem Markt oder aber auch im Sinn der iustitia correctiva vor Gericht) gerade nicht als eine Form des Ausgleichs von Interessen dar, sondern als Form der *Austragung von Interessengegensätzen*. Insbesondere im Verhältnis zwischen Kapital und Arbeit herrscht ein derartiges Machtgefälle, dass die – prinzipiell unterstellte – Gleichheit der Vertragsschließenden als pure Illusion erscheint. Ebenso sehen Theorien der Verteilungsgerechtigkeit aus dieser Perspektive davon ab, dass die Ordnung der Gesellschaft (in Marxscher Terminologie: die Produktionsverhältnisse) die Verteilung der Güter bereits impliziert: Kapital und Proletariat unterscheiden sich hinsichtlich der Verfügung über die Produktionsmittel (in Marxscher Terminologie: das Kapital). Durch die in modernen Gesellschaften grundlegende Institution des privaten Eigentums bleibt dieses Kapital in den Händen seiner Eigner und wird durch die Ausnutzung der Arbeitskraft der Arbeiter vermehrt. Der durch Arbeit produzierte Mehrwert kommt dabei allein den Kapitaleignern zugute und wird den – diesen Mehrwert eigentlich produzierenden – Arbeitern vorenthalten. Was dann noch sozialstaatlich abgeschöpft und verteilt wird, dient folglich nicht dem Ausgleich, sondern bestenfalls der Befriedung potentiell rebellierender ausgeschlossener Bevölkerungsgruppen. Unter diesen Voraussetzungen tragen die gängigen Gerechtigkeitstheorien zur Verschleierung dieser Bedingungen bei, indem sie suggerieren, ein gerechter Ausgleich und eine gerechte Verteilung seien möglich: Gerechtigkeit ist im Kapitalismus Ideologie.

Selbst wenn man dieser Analyse zustimmt, stellt sich die Frage, welche Kriterien zugrunde gelegt werden, um bestehende gesellschaftliche Zustände zu kritisieren. Vertraut man dialektisch-materialistisch auf den Gang der Geschichte, kann man darauf setzen, dass die Verhältnisse in näherer oder fernerer Zukunft überwunden werden. Aber nur wenn das sich Durchsetzende immer auch das Bessere ist, lässt sich unterstellen, dass der spätere Zustand dem früheren vorzuziehen ist. Hält man den – letztlich metaphysischen – Glauben an das Ziel der Geschichte für wenig plausibel, ist die Frage nach den Kriterien, mit denen Verhältnisse bewertet werden, unabweisbar. Deshalb kann die Frage nach Gerechtigkeit nicht einfach gesellschaftstheoretisch weggezaubert werden. Allerdings dürfen die gesellschaftsstrukturellen Bedingungen nicht ausgeblendet werden, wenn Gerechtigkeitsfragen thematisiert werden. Es ist durchaus möglich, dass nicht die Verteilung der Güter in kapitalistischen Gesellschaften das zentrale Problem ist, sondern die kapitalistische Produktionsweise selbst, da sie grundsätzlich an Kapitalverwertung interessiert ist und Fragen der gerechten Verteilung allenfalls als gesellschaftliche Randbedingungen thematisiert werden (z. B. als infrastrukturelle Rahmenbedingung der Produktion).

Gerechtigkeit und Gleichheit

In welchem Verhältnis stehen Gerechtigkeit und Gleichheit? Gleichheit ist ein relationaler Begriff. Anders als Identität (zwei Gegenstände oder Zustände sind identisch) bezieht sich Gleichheit auf Unterschiedliches, das im Blick auf eine gemeinsame Größe gleich behandelt oder im Blick auf einen gewissen Standard angeglichen werden soll. Männer und Frauen sind nicht gleich; aber der Unterschied zwischen Männern und Frauen soll in mancherlei Hinsicht „keinen Unterschied machen" (z. B. soll aus diesem Unterschied keine ungleiche Bezahlung für eine gleiche Tätigkeit folgen). In anderen Worten: Es geht um die Frage, welche Ungleichheiten gleichheitstheoretisch als irrelevant zu betrachten sind und welche einer Angleichung bedürfen.

Die weitergehende Frage ist, ob Gleichheit in sich wertvoll und anzustreben ist. Wenn dies so ist, muss aus Gründen der Gerechtigkeit jede ungleiche Verteilung von Ressourcen, von Chancen, bestimmte Güter oder Positionen zu erwerben oder von Funktionsfähigkeit überwunden werden. Wobei dies in der aktuellen Diskussion zumeist auf die Fälle eingeschränkt wird, für die eine Person nicht selbst verantwortlich ist. So einleuchtend ist, dass niemand aufgrund von sozialem Status, Geschlecht, kultureller Zugehörigkeit, Religion oder körperlicher Verfassung benachteiligt werden soll und ein

Recht zumindest auf gleiche faire Chancen besitzt, so problematisch wird die Einschränkung auf „unverschuldete" Probleme. Aktuell wird dies z. B. an der Diskussion um Eigenverantwortung im Gesundheitswesen deutlich. Dabei wird ernsthaft der Vorschlag diskutiert, dass Leistungen bei Personen eingeschränkt oder ausgesetzt werden, die ihre Krankheit selbst (mit)verursacht haben (etwa bei Raucherinnen oder Übergewichtigen). Sehr schnell entsteht die Gefahr von Stigmatisierungen, von „Arbeitsunwilligen", „Faulenzern" und „Verantwortungslosen".

Ein Einwand dagegen, Gleichheit als in sich wertvoll zu betrachten, wird von den sogenannten Non-Egalitaristen erhoben. Zentrale Probleme betreffen diesen zufolge nicht relationale, sondern *absolute Standards*. Oder einfacher: Menschen haben ein Anrecht auf Unterstützung, weil sie hungern oder weil sie krank sind und nicht, weil es anderen besser geht als ihnen. Die elementaren Grundlagen der Gerechtigkeit verlangen für alle Menschen menschenwürdige Lebensbedingungen und nicht eine Angleichung aller auf das gleiche Niveau. Sonst stünde man vor dem Problem einer Angleichung nach unten; ein vielzitiertes Beispiel ist das des Fußballtrainers, von dem ein Spieler sagte: „Er behandelte uns alle gleich. Wie Hunde." Zudem besteht die Gefahr, Standards sehr niedrig anzusetzen. Denn die Größe „menschenwürdige Lebensbedingungen" ist nirgends abschließend definiert und der Interpretation bedürftig. Schließlich sollen auch die Leistungen von Hartz IV und des Asylbewerberleistungsgesetzes den Empfängerinnen und Empfängern ein menschenwürdiges Leben ermöglichen. Dass die Standards hierfür in Deutschland andere sein könnten als etwa in Burkina Faso, ist zumindest nicht einfach von der Hand zu weisen. Schließlich setzen sich auch in der Armutsforschung relationale gegen absolute Standards zunehmend durch.

Ohnehin hat die Gleichheitsforderung historisch ihren Ort nicht in der Frage der Verteilung von Gütern, sondern in den *Kämpfen um Anerkennung*. Gleichheit gehört zur revolutionären Trias „Freiheit, Gleichheit, Brüderlichkeit". Diese Kämpfe um Anerkennung richten sich gegen Ausbeutung, Marginalisierung, Machtlosigkeit, Kulturimperialismus und Gewalt. Alle diese Formen der Unterdrückung lassen sich nicht durch eine Umverteilung von Mitteln beheben, sondern betreffen die Struktur einer Gesellschaft. Anders formuliert: es geht um Anerkennungsverhältnisse, die soziale Konflikte strukturieren. Der Philosoph Axel Honneth unterscheidet dabei drei Anerkennungsweisen (emotionale Zuwendung, kognitive Achtung und soziale Wertschätzung), die unterschiedlichen gesellschaftlichen Sphären zuzurechnen sind und eigene Anerkennungsformen (Primärbeziehungen, Rechtsverhältnisse und Wertgemeinschaft/Solidarität) ausbilden. Alle diese Ebenen sind nicht als Verteilungssphären zu verstehen, sondern als Orte der wechselseitigen Anerkennung von Personen. Ungerechtigkeit folgt daher nicht in erster Linie aus der ungerechten Verteilung, sondern aus einer nicht gewährten Anerkennung, die eine ungerechte Verteilung zuallererst legitimiert.

Legt man diese „Grammatik sozialer Konflikte" zugrunde, wird deutlich, warum über Verteilungsfragen im Sozialwesen so erbittert gestritten wird. Der Ausschluss von Leistungen bestreitet, dass entsprechende Personen auf diese einen legitimen Anspruch haben. Sofern diese Leistungen aber mit der personalen Integrität in Verbindung stehen, tangiert die Weigerung, Leistungen zu erbringen, die Person als Ganze und wird als Entzug der Anerkennung interpretiert. Insofern ist das Insistieren auf – notfalls einklagbare – Rechtsansprüche nicht als Ausfluss einer „Vollkaskomentalität" zu kritisieren, sondern als Teil der gesellschaftlichen Auseinandersetzung um legitime Anerkennungsansprüche zu interpretieren. Einer Person das z. B. medizinisch Notwendige vorzuenthalten, beschädigt dieser Interpretation zufolge nicht allein den Menschen als biologisches Wesen, sondern auch seine Integrität als Person. Diese Dimension des Verteilungsproblems im Sozialwesen bleibt unverstanden, solange man dieses Problem ausschließlich als Verteilungsproblem versteht und bearbeitet.

Eine aktuell debattierte Theorie: Capability-Approach

Eine derzeit auch in der Sozialen Arbeit viel diskutierte Theorie ist der Capability-Approach (die Begrifflichkeit lässt sich schwer übersetzen, man spricht im Deutschen meist vom Befähigungs- oder Verwirklichungschancenansatz). Er wurde von dem indischen Ökonomen

Amartya Sen entwickelt und vor allem von Martha Nussbaum, einer ehemaligen Mitarbeiterin Sens, weitergeführt. Hintergrund ist die Vorstellung, dass der Wohlstand und der Lebensstandard von Menschen nicht allein durch monetäre Parameter ausgedrückt werden kann. Insbesondere Nussbaum geht davon aus, dass es eine Reihe von *Grundbefähigungen* gibt, die es Menschen erlauben, selbstbestimmt ein gutes Leben führen zu können. Wem die Verwirklichung von Möglichkeiten, die sich aus diesen Befähigungen ergeben, verwehrt ist, lebt in einem Zustand der Armut und Unterdrückung. Der Staat ist dafür verantwortlich, seinen Bürgerinnen und Bürgern die Chance der Verwirklichung seiner Befähigungen zu ermöglichen. Ob er und sie die Chance jeweils nutzt, ist seine oder ihre Angelegenheit. Niemand kann und darf z. B. dazu gezwungen werden, sich eine seinen oder ihren Fähigkeiten entsprechende schulische Bildung anzueignen. Niemand darf zu seinem Glück gezwungen werden. Allerdings müssen den Menschen die Güter zur Verfügung stehen, die sie zur Verwirklichung ihrer Befähigungen benötigen. Nussbaum formuliert diesbezüglich eine Liste von zehn zentralen menschlichen Fähigkeiten, die vom biologischen Leben bis zur Kontrolle über die soziale Umwelt reichen; diese Liste umfasst: ein menschliches Leben normaler Dauer bis zum Ende zu leben, körperliche Gesundheit und körperliche Integrität, Sinne, Vorstellungskraft und Denken, Gefühle und emotionale Bindungen, praktische Vernunft, Zugehörigkeit, Anteilnahme an der Natur, Spiel und Kontrolle über die eigene Umwelt.

Solche Listen können offensichtlich nicht abschließend formuliert werden und variieren im Einzelnen kulturell. Zudem ist zwischen Grundbedürfnissen und -befähigungen auf der einen Seite und Luxusbedürfnissen und verfeinerten Befähigungen auf der anderen zu unterscheiden. Eine präzise Grenzziehung gestaltet sich schwierig. Gleichwohl entbindet diese Schwierigkeit nicht davon, entsprechende Mindeststandards zu definieren. Allerdings sagt Nussbaums Ansatz nichts über Fragen der Gerechtigkeit in Bezug auf Ungleichheiten oberhalb dieser Mindeststandards aus. Gleichwohl setzt die Bestimmung jener Standards politische Partizipationsmöglichkeiten und einen freien politischen Diskurs voraus. Deshalb gehören Frei-

heit und politische Beteiligungsmöglichkeiten zu den unverzichtbaren Grundgütern. Auf jeden Fall ermöglicht der Capability Approach,
soziale Ungleichheit sehr viel differenzierter aufzuzeigen als an monetären Kennzahlen orientierte Ansätze.

GERECHTIGKEIT UND RECHT

Schließlich ist nach dem Verhältnis zwischen Gerechtigkeit und
Recht zu fragen. Soziale Arbeit als administrative Tätigkeit ist eng mit
dem Recht verbunden, daher stellt sich in ihr in besonderer Weise
die Frage nach dem *Verhältnis von Legalität zu Legitimität*. Wegwei-
send für diese Unterscheidung ist Kants Theorie der praktischen
Vernunft. Diese bezieht sich zum einen auf die äußere (Legalität)
und zum anderen auf die innere Bestimmung (Moralität) des Handelns eines vernünftigen Wesens. Das Recht zielt auf die äußere
Bestimmung, es setzt nicht darauf, dass Individuen aus Einsicht und
Überzeugung handeln, es zielt allein auf Konformität. Inhaltlich hat
es die Bestimmung, die Freiheitssphären der einzelnen dem Recht
unterworfenen Personen voneinander abzugrenzen und zu sichern:
„Das Recht ist also der Inbegriff der Bedingungen, unter denen die
Willkür des einen mit der Willkür des andern nach einem allgemeinen Gesetze der Freiheit zusammen vereinigt werden kann." (Meta-
physik der Sitten, AB 33)

Mit dieser Bestimmung ist die Frage nach dem Verhältnis von
Recht und Gerechtigkeit zwar gestellt, aber nicht beantwortet. Zumal
die Frage nach der Geltung des Rechts offen bleibt. Hier gibt es
grundsätzlich zwei Möglichkeiten. Entweder geht man davon aus,
dass Recht durch Setzung (Juristen sprechen von „Satzung") gilt,
man spricht dann vom Rechtspositivismus (von lateinisch ponere:
setzen) oder man geht davon aus, dass es ein überpositives Recht
gibt, das entweder von Natur aus oder durch die Vernunft oder aufgrund von göttlicher Offenbarung gilt. Das *Naturrecht* entstammt
dem griechischen Denken. Die ewige Ordnung der Natur ist die
Grundlage der rechtlichen Verhältnisse der politischen Gemeinschaft
und die Erkenntnis dieser Ordnung ist durch die Vernunft möglich.
Eines der bekanntesten Zeugnisse dieser Vorstellung ist die Antigone des Sophokles. Antigone verstößt gegen Kreons Weisung mit

Berufung auf die ungeschriebenen Gesetze der Götter, die Ausdruck der göttlichen Ordnung sind. In der europäischen Tradition wird die Naturrechtslehre durch die katholische Theologie geprägt. Thomas von Aquin unterscheidet zwischen dem ewigen göttlichen, dem Natur- und dem menschlichen Recht. Spätestens mit der Aufklärung verblasst die Naturrechtstradition und wird von Konzepten des *Vernunftrechtes* ersetzt. Aber schon Kant stößt dabei auf das Problem, dass auch das durch Vernunft begründete universale Recht auf den partikularen Staat angewiesen ist, um es durchzusetzen. Insofern vollziehen die Rechtspositivisten nur den naheliegenden Schluss, von allen metaphysischen Begründungen abzusehen und das *faktisch geltende Recht* in den Vordergrund zu stellen. Die Geltung dieses Rechts beruht nun auf der formellen Rechtssetzung, der Gesetzgebung, und der Rechtsprechung. Nun lässt sich wiederum fragen, wer oder was diese formalen Voraussetzungen legitimiert. Aus der Sicht der Systemtheorie ist das ein letztlich zirkulärer Prozess der „Legitimation durch Verfahren", aus der Sicht der Diskurstheorie ist er rückgebunden an die öffentliche Beratung im demokratischen Staat. Grundlegend ist jedoch die rechtspositivistische These, Recht und Moral gehörten verschiedenen Sphären an und müssten deshalb unterschieden werden. Damit wird nicht zuletzt dem Umstand Rechnung getragen, dass in modernen Gesellschaften von einer Vielzahl unterschiedlicher moralischer und ethischer Auffassungen ausgegangen werden muss. Deswegen kann das Recht nicht eine dieser Orientierungen besonders auszeichnen; die Geltung des Rechts kann nicht durch moralische Begründungen sichergestellt werden.

Ein Problem dieser Theorie liegt auf der Hand. Wenn allein das Verfahren der Rechtssatzung das Recht begründet, kann kein rechtmäßig zustande gekommenes Recht selbst Unrecht sein. Auch unter der Herrschaft der Nationalsozialisten gab es formal gesatztes und insofern gültiges Recht. Aber dieses Recht wurde dafür eingesetzt, Menschen zu unterdrücken und zu ermorden. Im Angesicht der Verbrechen der NS-Justiz formulierte der ehemalige Justizminister der Weimarer Republik Gustav Radbruch die nach ihm benannte „Radbruch-Formel", der zufolge das positive Recht dann keinen Vorrang mehr genießt, wenn der Widerspruch dieses Rechts zur

Gerechtigkeit ein „unerträgliches Maß" erreicht hat; dies ist auch dann gegeben, wenn das Recht nicht einmal das Ziel der Gerechtigkeit verfolgt. In allgemeiner Hinsicht besagt diese Position, dass die formelle Rechtssetzung zwar eine notwendige Bedingung für die Rechtsgeltung hat, aber diese nicht erschöpfend und abschließend garantieren kann.

Eine Zwischenstellung zwischen überpositivem und positivem Recht haben in der Gegenwart die Menschenrechte. Wir sind auf das Thema bereits im Professionskapitel gestoßen, als es um die Bestimmung der Sozialen Arbeit als „Menschenrechtsprofession" ging. An dieser Stelle soll nun inhaltlich auf die Menschenrechte eingegangen werden.

MENSCHENRECHTE

„Alle Menschen sind frei und gleich an Würde und Rechten geboren. Sie sind mit Vernunft und Gewissen begabt und sollen einander im Geist der Brüderlichkeit begegnen." Dieser erste Artikel der Allgemeinen Erklärung der Menschenrechte vom 10. Dezember 1948 zeigt, dass es sich bei den Menschenrechten um ein Bündel von moralischen Forderungen und rechtlichen Normen handelt, die im Kern aus der Zeit der bürgerlichen Revolutionen stammen, die eine weit vor diese Zeit zurückreichende Geschichte haben und die in ihrem normativen Gehalt über diesen Ursprungszusammenhang hinaus reichen. Wie bei allen Rechten ist zu prüfen, wer die Träger dieser Rechte sind, an wen sie adressiert sind, welchen Inhalt sie besitzen und welches die sanktionierende Autorität ist, die entsprechende Rechtsansprüche im Konfliktfall durchsetzt.

Die ersten Menschenrechtskataloge entstammen der amerikanischen und der französischen Revolution. Sie finden sich in der Unabhängigkeitserklärung der amerikanischen Kolonien von der englischen Krone aus dem Jahr 1776 und der ihr folgenden amerikanischen Verfassung von 1787 und den sie ergänzenden zehn Zusatzartikeln (Amendments) von 1791. In engem Zusammenhang damit, wenn auch mit zum Teil anderer Schwerpunktsetzung, steht die französische Erklärung der Menschen- und Bürgerrechte von 1789. Diese Menschenrechtsdeklarationen müssen vor dem Hintergrund der bürgerlichen Emanzipationsbewegungen verstanden werden. Die Formulierung und die Durchsetzung von Freiheitsrechten entstammen dem Kampf der Bürger um Anerkennung gegenüber sie einschränkenden Gewalten, insbesondere der – zumeist monarchischen – Herrschaft und der Kirche.

Alle Menschen sind *Träger der Menschenrechte*, darüber besteht weitgehend Einigkeit. Offen ist jedoch, ob dies auch, insbesondere hinsichtlich des uneingeschränkten Lebensrechts, für ungeborenes Leben gilt; Art. 1 der Allgemeinen Erklärung der Menschenrechte geht jedenfalls davon aus, dass diese für alle geborenen Menschen zu gelten habe. Ebenso ist kontrovers, ob die Menschenrechte prinzipiell nur für Individuen oder auch für Gruppen (z.B. ethnische oder religiöse Minderheiten) zu gelten haben. Die Frage nach den Rechtsadressaten verweist auf ein grundlegendes Problem der Menschenrechte. Denn in dem Moment, in dem sie nicht nur als moralische, sondern als rechtliche Ansprüche formuliert werden, bedürfen sie eines Gegenübers, der zur Durchsetzung dieser Rechte verpflichtet ist. Daher bedürfen die Menschenrechte der Positivierung in staatliches Recht. In jüngster Zeit werden als Adressaten zunehmend transnationale Institutionen und supranationale wie die UN benannt, die für die Umsetzung der Menschenrechte verantwortlich seien.

Der *Inhalt der Menschenrechte* kann unterschiedlich kategorisiert werden. So spricht man von *Abwehr-, Teilhabe- und Anspruchsrechten*, von Menschenrechten der ersten, zweiten und dritten Generation oder – wie bereits angesprochen – von positiver und negativer Freiheit. Hintergrund ist die liberale Tradition, die Menschenrechte als individuelle Rechte konzipiert, um die Bürgerinnen und Bürger vor staatlichen Übergriffen zu schützen. Die so gewährte negative Freiheit ist eine „Freiheit von". Demgegenüber steht die positive Freiheit als eine „Freiheit zu", die dem Individuum die Möglichkeit gibt, sein Leben nach eigenen Vorstellungen zu gestalten. So ist z.B. die negative Religionsfreiheit der Schutz vor staatlichen Eingriffen in die Religionsausübung sowie die Vermeidung jedes religiösen Zwangs, die positive die Ermöglichung der Religionsausübung nach eigenen Vorstellung innerhalb eines geschützten Rahmens. Mit den drei Generationen werden zunächst die bürgerlichen und politischen, sodann die sozialen, kulturellen und ökonomischen und schließlich Solidaritätsrechte benannt. Die Menschenrechte der ersten Generation sind vor allem als Verbotsnormen gefasst, sie beinhalten z. B. den Lebensschutz, das Folterverbot, aber auch Freizügigkeitsrechte und Meinungsfreiheit sowie politische Rechte wie das Wahlrecht. Die der zweiten Generation sind in der Regel Gebotsnormen, die auf die Verwirklichung bestimmter Zustände zielen, etwa das Recht auf Arbeit oder die Sicherstellung eines angemessenen Lebensstandards. Während die Normen der ersten Generation zumeist überprüf- und damit einklagbar sind, sind die der zweiten Generation zum einen nicht allein von staatlichem Handeln abhängig und zum anderen nur schwer überprüfbar. Fraglich ist, ob gewährte Menschenrechte auch Praktiken schützen sollen, die selbst als problematisch erachtet werden: Beispiele sind Grenzen der Meinungsfreiheit wie die Leugnung des Holocaust sowie religiöse oder kulturelle Praktiken wie die Zwangsbeschneidung bei Mädchen oder Frauen (und jetzt auch bei Jungen?).

Im modernen Völkerrecht war die Proklamation von Menschenrechten insofern eine Revolution, als ursprünglich nur Staaten als Subjekte dieses Rechts angesehen wurden. Mit der Aufnahme individueller Menschenrechte in das internationale Völkerrecht entstehen Rechtsansprüche, die die Souveränität der Nationalstaaten tangieren. Den Menschenrechten eignet daher eine universalistische Tendenz. Allerdings wird dann die Frage umso dringlicher, wie deren *Verwirklichung* sichergestellt werden kann. Instrumentarien der Menschenrechte sind insbesondere die völkerrechtlich verbindlichen *Menschenrechtskonventionen*. Dazu gehören vor allem die Pakte über bürgerliche und politische Rechte sowie über wirtschaftliche, soziale und kulturelle Rechte, die 1966 von der Generalversammlung der UN verabschiedet wurden und 1976, nachdem die notwendige Zahl von Staaten die Pakte ratifiziert hatte, in Kraft traten. Weitere Konventionen ergänzen diese Kataloge, so etwa das Abkommen über die Rechtsstellung von Flüchtlingen (Genfer Konvention) von 1951, die Konvention zur Beseitigung jeder Form der Diskriminierung der Frau von 1980 oder das Übereinkommen über die Rechte des Kindes von 1989. Zwar wurde für jede Konvention ein spezielles Kontrollorgan auf der Ebene der UN geschaffen, allerdings wird kritisch gefragt, ob die Sanktionsmacht der UN ausreicht, um Menschenrechte effektiv durchzusetzen; hierbei stellt sich auch das friedensethische und -politische Problem der Legitimität und Legitimation militärischer Interventionen.

Offen und strittig ist die *Begründung der Menschenrechte*. Ein zentraler Vorwurf ist die Bestreitung ihrer universalen Gültigkeit, der zufolge sich die Begründung der Menschenwürde selbst der partikularen Tradition westlich geprägter Staaten verdanke. Allerdings verwechselt dieser Vorwurf die Genese, also die Entstehung, der Menschenrechtsidee, mit ihrer Geltung, denn diese ist von jener nicht abhängig. Zudem werden die Menschenrechte dann und dort evident, wo sie verletzt werden. Die Skepsis gegenüber diesen Rechten erscheint gegenüber der Praxis von Folter, Diskriminierung, Rassismus und Völkermord als zynisch. Gleichwohl müssen die Menschenrechte hinsichtlich ihrer inhaltlichen Gestaltung als begründungsoffen verstanden werden, also einer unterschiedlichen Begründung fähig. Die wichtigsten Konzepte einer philosophischen Begründung sind der vertragstheoretische Ansatz von John Rawls und der diskurstheoretische von Jürgen Habermas. Rawls fragt dabei nach den Rechtsprinzipien, auf die sich Staaten einigen würden, wenn sie in einem Urzustand hinter einem „Schleier des Nichtwissens" über ihre Größe, Ressourcen und Stärke sich über die Grundlagen ihres Zusammenbestehens berieten. Ein Teil des Übereinkommens müsse die Garantie fundamentaler Menschenrechte sein. Habermas entwickelt seine Begründung ausgehend von der These, dass nur solche Rechtsnormen Geltung beanspruchen können, die in einem „diskursiven Rechtssetzungsprozess die Zustimmung aller Rechtsgenossen finden können". Aus diesem „Demokratieprinzip" werden dann spezifische Grundkategorien des Rechts entwickelt, die weitgehend mit den klassischen Menschenrechten identisch sind; die Pointe dieser Argumentation liegt darin, dass die Menschenrechte dem Begriff des Rechts inhärent sind.

Zentraler Bezugspunkt aller Begründungen ist der Begriff der Menschenwürde.

Die Würde des Menschen

„Die Würde des Menschen ist unantastbar.", postuliert Artikel 1 des Grundgesetzes. Die ungenaue sprachliche Formulierung bringt die Probleme der Auslegung dieses Grundsatzes zum Vorschein. Das Suffix „-bar" kennzeichnet in der deutschen Sprache eine Möglich- oder Unmöglichkeit. Was denkbar ist, kann gedacht, was unerreichbar ist, kann nicht erreicht werden. Ein unsinkbares Schiff kann nicht untergehen (deswegen war die Titanic gerade nicht unsinkbar, man dachte nur, sie sei es). Nun lehrt die alltägliche Erfahrung, dass die Würde des Menschen sehr wohl angetastet werden kann. Meint Artikel 1 des Grundgesetzes, dass trotz aller Angriffe auf die Menschenwürde ihr Kern immer bestehen bleibt? Oder soll er besagen, dass die Menschenwürde nicht angetastet werden soll?

Wahrscheinlich ist beides gemeint: Zum einen: keine Handlung kann einem Menschen seine Würde nehmen; keine Misshandlung, keine Missachtung kann den Kern der Menschenwürde zerstören. Die Würde überdauert jeden Versuch ihrer Schändung. Zum anderen: Gerade darum ist jeder Versuch, diese Würde anzutasten, moralisch und rechtlich zu verwerfen. Während wir dem zweiten Aspekt vorbehaltlos zustimmen können, fällt dies beim ersten Aspekt deutlich schwerer. Die Praktiken der Entwürdigung von Menschen sind zahllos. Und es ist eine ungeheure Provokation, wenn man zugestehen muss, dass die Handlungen, die ein Mensch selbst verübt, seine Würde nicht zerstören können. Denn dann ist nicht nur die Würde des Gefolterten unantastbar, auch der Folterer kann seine eigene Würde durch sein abscheuliches Handeln nicht zerstören. Aber gerade diese Provokation macht den Kern des grundgesetzlichen Würdepostulats aus. Gerade weil die Würde unantastbar und unverfügbar ist, ist jeder Angriff auf sie aufs Schärfste zu verurteilen und nach Menschenmöglichkeit zu verhindern. Der Angriff auf die Menschenwürde ist gleichsam ein Sakrileg, eine Gotteslästerung – oder nicht vielmehr eine Menschenlästerung?

Tatsächlich hat der Begriff der Menschenwürde auch *religiöse Wurzeln*. Gott nimmt den Menschen vorbehaltlos an. Dies findet seinen Ausdruck in Formulierungen wie der „Gottesebenbildlichkeit" des Menschen oder in der protestantischen Tradition in der vorbehaltlosen „Rechtfertigung" des Menschen. In der philosophischen Tradition wird zur Begründung der Menschenwürde meist auf Immanuel Kant Bezug genommen. Für Kant ist jedes vernünftige Wesen ein *Zweck an sich selbst*. Deswegen formuliert er in seinem „praktischen Imperativ": „Handle so, daß du die Menschheit, sowohl in deiner Person, als in der Person eines jeden anderen, jederzeit zugleich als Zweck, niemals bloß als Mittel brauchest." (BA 66f.) Dinge oder Sachen werden als Mittel für andere Zwecke eingesetzt. Personen aber, vernünftige Wesen, setzen sich Zwecke. Für sie kann kein anderer Zweck gesetzt werden als der, den sie selbst an sich haben. Deren Dasein ist deshalb ein objektiver Zweck. Wer Menschen als Zweck verwendet, behandelt sie wie eine Sache, wie ein „Etwas" und nicht wie eine Person, wie ein „Jemand". Immer dann, wenn Menschen „verdinglicht", also wie ein Etwas behandelt werden, wird ihre Würde angegriffen. Das heißt nicht, dass wir in unserem Handeln andere Menschen nicht auch als Mittel nutzen. In einer arbeitsteiligen Gesellschaft benötigen wir die Leistungen anderer für unser eigenes Handeln. Falsch ist es jedoch in der Perspektive Kants, wenn andere Menschen auf diese Leistung für uns reduziert werden, wenn sie nichts anderes sind als ein Mittel zum Zweck.

Kontrovers ist die Frage, ob die Kantsche „Selbstzweckformel" sich ausschließlich auf „vernünftige Wesen" bezieht. Versteht man dieses „vernünftig" im Sinne von Rationalität und als Eigenschaft, die aktuell gegeben sein muss, um einem Wesen Würde zuzuschreiben, dann fallen z.B. Neugeborene oder Menschen mit einer dementiellen Erkrankung aus dem Kreis der „Würdigen" heraus. Die Frage ist letztlich, ob die Begriffe Mensch und Person austauschbar sind. Offensichtlich sind Babys Menschen. Macht man jedoch den Personstatus – wie es in den Debatten der praktischen Philosophie zum Teil geschieht – vom Vorliegen bestimmter Voraussetzungen abhängig, sind nicht alle Menschen zugleich Personen. Und wenn, wie bei Kant zumindest angedeutet, die durch die Selbstzwecklichkeit begründete Würde allein Personen zukommt, haben Personen einen anderen moralischen Status als Menschen, die noch nicht oder nicht mehr Personen sind. Nicht-mehr- oder Noch-nicht-Personen sind dann nicht mehr um ihrer selbst willen zu achten. Sie werden Dingen angeglichen, die nur einen instrumentellen Wert haben. Ein Neugeborenes ist dann allein deshalb zu schützen, weil es Personen gibt, für die dieses Kind von Interesse ist, ein dementiell erkrankter Mensch nur deshalb, weil andere Personen sich um ihn oder sie sorgen.

Sozialität, Sprache und Kultur

Die normative Kategorie der Menschenwürde verweist auf das Verhältnis von Individuum und Gesellschaft. Denn Menschen sind nicht in erster Linie Individuen, die sich dann irgendwie vergesellschaften. Menschen sind Wesen, die nur in sozialen Zusammenhängen leben. Vermittelt werden Individuum und Gesellschaft über Sprache und Kultur.

Die Bedeutung der Sozialität für die Entstehung des Individuums entwickelt beispielhaft der amerikanische Theoretiker George Herbert Mead. Meads Interesse ist es zu klären, wie sich die Struktur des Selbst in der Sozialisation ausbildet. Den Schlüssel zur Erklärung der Entstehung des Selbst aus Interaktion entdeckte Mead im „signifikanten Symbol". Diesen Grundgedanken entwickelte er aus der Beobachtung vorsprachlicher Formen der Interaktion, deren einfachste Form die Gestik ist. Durch Internalisierung der Gebärdensprache wird das in ihr angelegte semantische Potential, ihre Bedeutung, für die Interaktionsteilnehmer verfügbar. Die Gesten des anderen werden interpretiert, in der Ausführung eigener Gesten wird die Deutung des anderen bereits vorweggenommen. Um sich mit Gesten zu verständigen, muss das Individuum eine Vorstellung davon haben, was diese bei den anderen auslösen. Das Individuum muss die *Perspektive des anderen übernehmen:* So entsteht die Möglichkeit des Selbst-Werdens und die Wahrnehmung des anderen als gleichberechtigter Partner. Wenn die gleichsinnige Bedeutung von Gesten oder dann abstrakter Symbolen gesichert werden soll, setzt dies die intersubjektive Geltung von Regeln voraus. Ohne die Kompetenz, Regeln folgen zu können, kann Verständigung nicht gelingen. Mead betont dabei die wichtige Funktion des kindlichen Spiels. Kinder lernen dabei, Perspektiven anderer einzunehmen und später auch zu koordinieren. Durch die Internalisierung von Einstellungsübernahmen werden gleichzeitig gesellschaftliche Normen übernommen und von konkreten Personen abgekoppelt. Normen werden dadurch verallgemeinert und anerkannt. Normen sind gemeinsame verallgemeinerte Verhaltenserwartungen. Gruppensanktionen sichern dabei die Geltung dieser Normen. Wenn diese später als eigene Normen übernommen werden, kann von einer Geltung der Normen im eigentlichen Sinn gesprochen werden. In diesem Zusammenhang verwendet Mead den Begriff des „verallgemeinerten Anderen". In ihm verdichten sich die Anforderungen der sozialen Gruppe, die gesellschaftlichen Anforderungen, sofern sie als eigene übernommen werden.

Diese Theorie erklärt, wie ein Selbst entsteht. Individuation, der Aufbau eines Ich-Verständnisses, vollzieht sich durch die Einpassung in die soziale Gruppe. Was den Menschen zum Menschen macht, ist, was er mit den anderen teilt. Deshalb ist die Identität der Person zunächst das Spiegelbild der kollektiven Identität. Erst im Verlauf der weiteren Entwicklung kann der Aufbau einer komplexen Identität gelingen.

Deutlich wird hier die Bedeutung der *Sprache*. Dass der Mensch ein Lebewesen ist, das eine Sprache hat, galt schon in der Antike als eines der herausragendsten Kennzeichen des Menschen. Die Sprache dient nicht allein dazu, einen Bezug zur Welt herzustellen, sie dient auch zum Aufbau einer sozialen Welt. Nicht zuletzt kann ein Mensch sich mit der Sprache präsentieren, sich ausdrücken. Man sagt auch, dass mit dem Sprechen verschiedene Geltungsansprüche erhoben werden. Wer eine Aussage über die Welt macht, signalisiert gleichzeitig, dass diese Aussage auch zutrifft, dass sie wahr ist. Wer eine Aussage über wechselseitige Verhaltenserwartungen macht, signalisiert gleichzeitig, dass diese Erwartung gültig oder richtig ist. Wer schließlich eine Aussage über sich, seine oder ihre Ansichten, Wünsche oder Befindlichkeiten macht, signalisiert gleichzeitig, dass diese Aussage wahrhaftig ist. Die Möglichkeit, andere Menschen zu täuschen, beruht auf der Voraussetzung, dass diese Ansprüche normalerweise eingelöst werden. Würden wir das in der Alltagssprache nicht voraussetzen, wäre jede Verständigung unmöglich.

Wenn das Sprechen so zentral ist, wie ist es dann um das Verstehen bestellt? Es gibt ja nicht die Sprache, sondern derer viele; Anthropologen gehen davon aus, dass derzeit über 5000 Sprachen gesprochen werden. Natürlich wird zunächst jeder und jede in seiner oder ihrer Muttersprache sozialisiert. Damit ist zumindest eine Basis gegeben, um sich innerhalb einer Sprachgemeinschaft verständigen zu können. Trotzdem kommt es nicht selten vor, dass wir eine andere Person nicht verstehen. Wir hören zwar die Worte, erfassen aber nicht, was mit ihnen gemeint ist. Es ist die – in der Philosophie kontrovers diskutierte – Frage, was wir mit der Sprache ausdrücken: Gedanken, Sinn, Urteile, Überzeugungen oder anderes. Auf jeden Fall ist es so, dass wir keinen direkten Zugang zu den Gedanken eines anderen Menschen haben können. Deshalb können wir einen Menschen nicht im engen Sinn des Wortes verstehen, wir machen uns vielmehr ein Bild, eine Interpretation und legen diese unserer Kommunikation mit dem oder der Betreffenden zugrunde. Kommunikation ist ja ohnehin mehr als die Übertragung von Informationen von einem „Sender" zu einem „Empfänger". Eine Kommunikation besteht aus einem Inhalt, der Art und Weise der Mitteilung und dem Verstehen des Empfängers. Um eine Kommunikation zu verstehen, muss ich den Inhalt, das, was gesagt wird, von dem unterscheiden, wie und in welchem Zusammenhang es gesagt wird. Ein und derselbe Satz kann so ausgesprochen werden, dass er das Gegenteil von seinem semantischen Gehalt, dem, was diese Wörter in diesem Satz eigentlich bedeuten, meint. Die Möglichkeit, Theater zu spielen, beruht darauf, dass die Bedeutung der Sätze und ihr Rahmen unterschieden werden. Wenn Romeo Julia seine Liebe gesteht, glauben wir ja nicht, dass der Schauspieler seine Schauspielkollegin liebt – selbst dann nicht, wenn das zufälligerweise zutreffen würde.

Miteinander zu kommunizieren bedeutet nicht, sich im engeren Sinn des Wortes zu verstehen, sondern mit den eigenen Äußerungen an denen des Gesprächspartners oder der Gesprächspartnerin anzuschließen. Je komplexer Gesellschaften werden, desto schwerer wird es, sich mit Hilfe der Sprache über alle nötigen Sachverhalte zu verständigen. Auf der Basis des Naturalientausches lässt sich eine moderne Gesellschaft nicht reproduzieren. Um solche übergroßen Komplexitätslasten für die Kommunikation zu reduzieren, haben sich spezielle Kommunikationsmedien entwickelt. Ein *Medium* ist etwas, durch das hindurch etwas anderes übertragen wird. So ist die Luft das Medium für den Schall oder die Sprache das Medium für – ganz allgemein gesprochen – Sinn. Medien werden durch ihren Gebrauch nicht aufgezehrt. Buchstaben und Wörter verbrauchen sich nicht, im Gegenteil, man kann sie immer wieder und immer neu verwenden und kombinieren. Das bekannteste Kommunikationsmedium ist das Geld. Über die Möglichkeit zu bezahlen lassen sich wirtschaftliche Transaktionen viel schneller koordinieren und abwickeln. Das Geld verbraucht sich nicht in seiner Verwendung, es wechselt nur den Besitzer. Das Geld ist – jedenfalls unter modernen Bedingungen – selbst nichts wert. Es repräsentiert Zahlungsfähigkeit. Das Geld ist für seine Verwendung offen; seine Verwendung ist an sich uneinge-schränkt (Beschränkungen werden politisch eingeführt, indem be-stimmte Dinge als nicht käuflich deklariert werden – was allerdings voraussetzt, dass sie gekauft werden könnten). Deshalb spricht man in der Systemtheorie von symbolisch generalisierten Kommu-nikationsmedien. Andere Medien sind Macht, Wahrheit, Liebe oder Werte. Setzt man diese Medien ein, werden Selbstverständlichkeiten erzeugt, die die Annahme eines kommunikativen Angebots wahr-scheinlicher machen.

Wie steht es mit dem Verstehen zwischen Angehörigen unter-schiedlicher Sprachgemeinschaften? Ob ein wirkliches Verstehen möglich ist, ist in den Fachdebatten wiederum hoch umstritten. Auf der einen Seite wird die Auffassung vertreten, dass es eine universa-le Basisstruktur aller menschlichen Sprachen gibt. Die andere Seite hebt hervor, dass Sprachen von einer bestimmten Lebensform ab-hängig sind, aus der sie entstammen. Da die Praktiken unterschied-licher Lebensformen nicht identisch sind, lassen sich Sprachen nicht eins zu eins ineinander übersetzen. Was diese Ansicht stützt, ist die Einsicht, dass das Verständnis der einzelnen Bestandteile ei-ner Sprache von der Sprache insgesamt abhängt. Zwar ist diese „holistische" Position selbst umstritten, trotzdem zeigt sie, dass die Bedeutung von Wörtern in einer Sprache von deren Verwendungs-möglichkeiten abhängt.

In diesem Sinne hängt die Sprache zumindest zum Teil vom kulturellen Zusammenhang ab, in dem sie verwendet wird. Der Begriff *Kultur* wird oft unscharf verwendet. Zum einen bezeichnet er einen gesellschaftlichen Teilbereich, in dem kulturelle Güter wie Literatur, Musik oder andere produziert und konsumiert werden. Zum anderen ist mit Kultur die jeweils spezifische Art und Weise gemeint, mit der Menschen ihr Zusammenleben verstehen, deuten und gestalten. Die Kultur stellt uns die Grundlagen zur Verfügung, mit Hilfe derer wir denken und handeln – als erstes die Sprache. Gleichzeitig liefert sie uns die Kriterien, mit denen wir das Denken und Handeln beurteilen. Diese Kriterien haben die Form binärer, also zweiwertiger, Codes, die es erlauben, Bewertungen vorzunehmen. Sie beziehen sich z. B. auf Essgewohnheiten (in Europa essen wir im Gegensatz zu islamisch geprägten Ländern Schweinefleisch, Käse wird in hinduistisch geprägten Ländern als ekelerregend empfunden) oder Schönheitsideale, aber auch auf die Bewertung von Idealen der Lebensführung (in westlichen Ländern gilt Individualität und Selbstständigkeit als besonders hoher Wert, im Gegensatz dazu wird in asiatischen Gesellschaften die familiäre Bindung besonders hoch geschätzt). Die Kultur stellt die Muster bereit, mit denen Menschen ihren Handlungen Bedeutung verleihen; sie sind auf der einen Seite überindividuell (sie erzeugen eine gewisse Gleichförmigkeit des Selbstverständnisses), auf der anderen Seite sind sie in den individuellen Praktiken der Individuen verankert.

Mit der „Erfindung" der Kultur lebt der Mensch nicht mehr unmittelbar in seiner Umwelt. Statt mit den Dingen selbst hat er es mit den Bedeutungen zu tun, die er ihnen gibt. Diese Bedeutungen verdichten sich oder werden expliziert in Symbolsystemen. Menschen erzählen Mythen, deuten ihre Wirklichkeit religiös oder entwerfen in Kunst und Wissenschaft explizite Deutungssysteme, mit denen sie auf die Welt Bezug nehmen. In diesen Deutungssystemen ist das Verständnis dessen angelegt, was als gut zu gelten hat und was nicht.

10. Die gute Urteilsbildung

Mit den „guten Gründen" haben wir diese Ethik der Sozialen Arbeit begonnen. Wahrnehmen, Bewerten, Urteilen und Handeln haben wir als die Elemente vorgestellt, die bei der Darlegung guter Gründe leitend sind. Diese Gründe können unterschiedliche Perspektiven haben: Sie können rückwärtsgerichtet Rechtfertigungen sein und zukunftsgerichtet Motive oder Ursachen. Außerdem können Gründe eine pragmatische oder eine bewertende Form haben.

Gründe und Kontexte

Gründe und Rechtfertigungen auf der einen und Situationen, Kontexte und Handlungen auf der anderen Seite liegen auf zwei unterschiedlichen Ebenen. Gründe, Rechtfertigungen und Motive sind zunächst meine Motive. In einem gewissen Sinn muss und kann ich nur selbst wissen, was ich zu tun habe und was meine Gründe dafür sind. Aber wenn ich auch einen privilegierten Zugang zu diesen meinen Gründen habe, kann ich sie äußern und damit anderen zugänglich machen. Und das geschieht zumindest dann, wenn ich von anderen auf meine Beweggründe hin befragt werde. Ob ich dann auch wahrhaftig Rechenschaft ablege, lässt sich an den geäußerten Gründen allein nicht ablesen. Aber eine Zuhörerin oder ein Zuhörer kann prüfen, ob meine Gründe in sich zusammenhängend sind (*schlüssig* sind), ob sie sich auf anerkannte Normen oder Werte beziehen (*triftig* sind) und ob sie mit meinem sonstigen Urteilen und Handeln übereinstimmen (*konsistent* sind). Gleiches gilt für Situationen und Kontexte. Zwar ist die Welt zunächst so, wie sie ist, aber für mich – und entsprechend für andere – ist sie jeweils auf eine besondere Weise gegeben. Situationen und Kontexte müssen gedeutet und interpretiert werden. Gemeinsames verständigungsorientiertes Handeln setzt voraus, dass die Beteiligten von einer gemeinsamen Situationsdeutung ausgehen. Gemeinsam handelnde Personen müssen sich immer dann abstimmen und verständigen, wenn diese gemeinsame Situationsdeutung fraglich wird. „Zum Bahnhof geht es die linke Straße entlang." „Nein, wir müssen weiter geradeaus gehen." Das wird noch dadurch komplexer, dass in die Situationsdeutung nicht nur Vorstellungen von der Welt eingehen (also z.B. in welcher Richtung der Bahnhof liegt), sondern auch Wertungen, Wünsche und Affekte.

In ihrer *logischen Struktur* besteht eine ethische Argumentation – der Austausch über und die Kritik von Handlungen, Haltungen und ihre Gründe oder Rechtfertigungen – aus vier aufeinander bezogenen Elementen: aus einer deskriptiven Prämisse (einer Situationsbeschreibung), einer präskriptiven Prämisse (einer Norm oder einem handlungsorientierenden Wert), dem Urteil und der aus diesem resultierenden Handlung. Nun fließen sowohl in die deskriptive als auch in die präskriptive Prämisse beides ein: ethische Aspekte und Elemente einer Situationsbeschreibung. Zumal die präskriptive sich konditional, als Wenn-dann-Bedingung, rekonstruieren lässt. Deshalb ist bei einem ethischen Urteil immer zu prüfen, ob die Anwendungsbedingungen (wenn ...) und die Verbindlichkeit der präskriptiven Prämisse (dann ...) tatsächlich im konkreten Fall gegeben sind und zusammenpassen. Das Bindeglied zwischen Deskription und Präskription, das zu einem Urteil anleitet, heißt in der philosophischen Diskussion Urteilskraft.

URTEILSKRAFT

Die klassische Definition der Urteilskraft stammt von Immanuel Kant: „Urteilskraft überhaupt ist das Vermögen, das Besondere als enthalten unter dem Allgemeinen zu denken. Ist das Allgemeine (die Regel, das Prinzip, das Gesetz) gegeben, so ist die Urteilskraft, welche das Besondere darunter subsumiert, (auch, wenn sie, als transzendentale Urteilskraft, a priori die Bedingungen angibt, *welchen* gemäß allein unter jenem Allgemeinen subsumiert werden kann) *bestimmend*. Ist aber nur das Besondere gegeben, wozu sie das Allgemeine finden soll, so ist die Urteilskraft bloß *reflektierend*." (Kritik der Urteilskraft B XXV, XXVI, A XXIII, XXIV)

Die *bestimmende Urteilskraft* folgt in diesem Sinne der deduktiven Logik, nach der aus höheren Prämissen die Schlüsse abgeleitet werden. Aus der deduktiven Gültigkeit des Urteils folgt aber nicht automatisch die entsprechende Handlung. Vielmehr muss der oder die Handelnde sich das Urteil zu eigen machen und auf die jeweils konkrete Situation angemessen beziehen. Dabei besteht eine Wechselwirkung zwischen deskriptiven und präskriptiven Anteilen der ethischen Argumentation. Dazu gehört auch, die jeweilige Situation und ihren Kontext als ethisch relevant wahrzunehmen. Ohne diese Bestimmung einer Situation als ethisch relevant läuft die bestimmende Urteilskraft ins Leere. Bereits im zweiten Kapitel hatten wir deshalb darauf hingewiesen, dass schon an dieser Stelle Ethik und Ästhetik (im Sinne der Lehre der Wahrnehmung) aufs engste zusammengehören. Deshalb gehört zum ethischen Handeln nicht allein das „richtige" ethische Urteil, sondern auch eine entsprechende ethisch-moralische Sensibilität.

Allerdings kann eine solche Sensibilität auch in die Irre führen. Der Philosoph Kwame Anthony Appiah macht im Rückgriff auf experimentalpsychologische Forschungen deutlich, dass unsere – auch moralischen – Intuitionen hochgradig *unzuverlässig* und häufig *widersprüchlich* sowie oft davon beeinflusst sind, wie eine Situation geschildert wird. Zudem hängt unsere Bereitschaft, moralisch zu handeln, von äußeren Umständen ab, die wir nicht steuern können (z. B. davon, ob wir in Eile sind oder gerade vor einer Bäckerei stehen – der Geruch einer Bäckerei macht hilfsbereiter). Zu diesen Rahmenbedingungen gehört auch, ob wir selbständig handeln oder in kollektive Handlungszusammenhänge eingebettet sind.

Der schweizerische Philosoph Hans Bernhard Schmid macht in einer Analyse des berühmten Milgram-Experiments (in einer als Forschungssituation simulierten Versuchsanordnungen zeigen sich die meisten Teilnehmerinnen und Teilnehmer bereit, Versuchspersonen erhebliche Schmerzen zuzufügen) deutlich, dass *Gemeinschaftshandeln* Menschen in ein Netz von wechselseitigen Erwartungen und Zielbestimmungen verstrickt, aus dem sie sich nicht ohne weiteres lösen können, wenn das Ziel des gemeinschaftlichen Handelns nicht in Frage gestellt werden soll. Sobald ich mich auf ein gemeinsames Projekt eingelassen habe, gebe ich zumindest partiell meine Selbständigkeit auf. Ein gemeinsames Ziel kann meist nur gemeinsam erreicht werden. Die Probleme, die das für die Beteiligten mit sich bringen kann, liegen zwischen einem unreflektierten Konformismus auf der einen und dem, was Schmid „Idiotie der eigenen Einsicht" nennt, die nur dem eigenen Urteil traut und dem der Mithandelnden grundsätzlich misstraut, auf der anderen Seite. Diese Besonderheiten des Gemeinschaftshandelns sind für unseren Zusammenhang auch deshalb wichtig, weil die Handlungsvollzüge Sozialer Arbeit oft hochgradig kollektive Züge tragen und es deswegen notwendig ist, dass nicht jeder und jede „sein Ding macht", sondern alle zusammen das gemeinsame.

Neben der bestimmenden Urteilskraft steht bei Kant die *reflektierende Urteilskraft*. Diese fragt von der konkreten Situation, vom konkreten Fall aus, welche normativen Prämissen auf diesen Anwendung finden können und sollen. Vereinfacht geht es um die Frage, welche Sachverhalte überhaupt ethisch relevant sind. Wer bestimmt, was ein ethisches Problem ist? Können das nur die Betroffenen selbst bestimmen oder können oder dürfen Außenstehende stellvertretend eine Situation als ethisch relevant kennzeichnen? Nicht allein die ethische Beurteilung, sondern schon die Beschreibung einer Situation als ethisch relevant ist strittig. Insofern führt die weit verbreitete Annahme, ethische Reflexion ziele in erster Linie auf Konsens, in die Irre. Insbesondere die systemtheoretische Beschreibung der moralischen Kommunikation macht deutlich, dass Moral tendenziell polemogen – also streiterzeugend – wirkt. Wer moralisch kommuniziert, formuliert zunächst Dissense. Allerdings – und das wird systemtheoretisch meist unterschlagen – wird so der Dissens kommunikationsfähig und damit der diskursiven Erörterung zugänglich gemacht. Damit kann zur Auseinandersetzung über die Anerkennung für legitim gehaltener Ansprüche beigetragen werden, auch wenn sich eine „Lösung" dieser Konflikte eher auf dem Weg politischer Entscheidungen und gegebenenfalls rechtlicher Kodifizierung abzeichnet.

KEIN ETHISCHER „ALGORITHMUS"

Ethisches Urteilen lässt sich eher als eine bestimmte Form *ethischer Kompetenz* verstehen denn als eine Anwendung eines wie auch immer beschriebenen Verfahrens ethischer Urteilsbildung. Schemata ethischer Urteilsbildung gibt es zuhauf. Sie haben ihren – begrenzten – Wert darin, die oben genannten Elemente, die in ein solches Urteil eingehen, zu kennzeichnen und in manchen Fällen Fragen zu formulieren, die einen Zugang zu deskriptiven und präskriptiven Prämissen sowie zu Kriterien bei der Abwägung konfligierender Orientierungen ermöglichen. Insofern sind solche Schemata Hilfsinstrumente, die allerdings die ethische Kompetenz nicht ersetzen können. Ein solches Schema soll beispielhaft und abschließend kurz vorgestellt werden:

Dieses Schema wurde von dem evangelischen Theologen Heinz Eduard Tödt in den siebziger Jahren des letzten Jahrhunderts im Zusammenhang eines Verfahrens zur Abschätzung von ethischen Folgen der Technologieentwicklung ausgearbeitet und in mehreren Varianten diskutiert. Tödt geht *(1)* aus von der Wahrnehmung, Annahme und Bestimmung eines Problems als eines ethischen (*Problemfeststellung*). Damit werden Probleme zum einen sektoral entgrenzt (indem z. B. die ethische Problematik von der fachlichen oder juristischen unterschieden und diese wechselseitig aufeinander bezogen werden) und mit einem umfassenden Lebenszusammenhang in Verbindung gebracht, zum anderen geschieht schon hier eine Art Selbstbindung an eigenes künftiges Verhalten. Darauf folgt *(2)* die *Situationsanalyse*, die ein Problem in seinem Kontext zu erfassen

sucht. Dazu gehören hier auch die problemrelevanten Güter und Tugenden, die durch ein Problem tangiert sind. Der nächste Schritt *(3)*
besteht in einer *Beurteilung von Verhaltensoptionen*; hierbei werden
die Verhaltensalternativen anhand der Aspekte Handeln (wer handelt), Erleiden (wer ist betroffen) und Identität (wie verstehen wir uns
selbst) erörtert. Danach folgt *(4)* die Prüfung von Normen, Gütern
und Perspektiven, die an einem Problem beteiligt sind (*Kriterienprü-
fung*). Schließlich wird *(5)* die sittlich-kommunikative Verbindlichkeit
von Verhaltensoptionen geprüft; hier führt Tödt den Begriff der „kommunikativen Freiheit" ein, der auf die intersubjektive Verbindlichkeit
des Verhaltens zielt. (*Prüfung der kommunikativen Verbindlichkeit*)
Abschließend *(6)* kommt es zum *Urteilsentscheid*, schließlich bildet
(7) eine *rückblickende Adäquanzkontrolle* das letzte Sachmoment
des sittlichen Urteilsentscheides, die Prüfung des Urteils im Blick auf
die angemessene Erfassung des Problems und auf die stringente
Verknüpfung der anderen Momente.

Wichtig für Tödt ist es, dass dieses Schema nicht als abzuarbei-
tende Liste verstanden werden soll. Die sieben Schritte stellen vielmehr Sachmomente dar, die im Laufe der Urteilsfindung Berücksichtigung finden sollen und die aufeinander verweisen und voneinander
abhängig sind. Hier trifft nicht ein einsames Subjekt für sich eine
Entscheidung, sondern die ethische Entscheidung ist eingebettet in
einen diskursiven Prozess, den nicht irgendwelche Expertinnen und
Experten bestreiten, sondern auch und insbesondere diejenigen, die
von dem zu verhandelnden Problem direkt oder indirekt betroffen
sind.

11. Gute Literatur

In der Literaturliste verweisen wir auf die Literatur, auf die wir in den jeweiligen Kapiteln zurückgegriffen haben, sowie auf Texte, die für die Weiterarbeit und Vertiefung hilfreich sein können. Klassiker wie Aristoteles, Kant oder Nietzsche werden nach den gängigen Kürzeln zitiert.

Zu Kapitel 1: Ethik Sozialer Arbeit

Großmaß, Ruth/Perko, Gudrun (2011): Ethik für Soziale Berufe, Paderborn u. a.

Lob-Hüdepohl, Andreas/Lesch, Walter (Hrsg.) (2007): Ethik Sozialer Arbeit. Ein Handbuch, Paderborn u. a.

Maaser, Wolfgang (2010): Lehrbuch Ethik. Grundlagen, Problemfelder und Perspektiven, Weinheim, München.

Martin, Ernst (2001): Sozialpädagogische Berufsethik. Auf der Suche nach dem richtigen Handeln, Weinheim, München.

Schmid Noerr, Gunzelin (2012): Ethik in der Sozialen Arbeit, Stuttgart.

Zu Kapitel 1: Allgemeine Einführungen in die Ethik

Düwell, Marcus/Hübenthal, Christoph/Werner, Micha H. (2011): Handbuch Ethik, 3. aktualisierte und erweiterte Aufl., Stuttgart, Weimar.

Fischer, Johannes/Gruden, Stefan/Imhof, Esther/Straub, Jean-Daniel (2007): Grundkurs Ethik. Grundbegriffe philosophischer und theologischer Ethik, Stuttgart u. a.

Höffe, Otfried (2008): Lexikon der Ethik, 7. neubearbeitete und erweiterte Auflage, München.

Pauer-Studer, Herlinde (2003): Einführung in die Ethik, Wien.

Pieper, Annemarie (2007): Einführung in die Ethik, 6. überarbeite und aktualisierte Aufl., Tübingen, Basel.

Zu Kapitel 2: Die guten Gründe

Bayertz, Kurt (Hrsg.) (2002): Warum moralisch sein? Paderborn u. a.

Habermas, Jürgen (1991): Vom pragmatischen, ethischen und moralischen Gebrauch der praktischen Vernunft, in: Jürgen Habermas: Erläuterungen zur Diskursethik, Frankfurt/M., S. 100-118.

Luhmann, Niklas (1990): Paradigm lost: Über die ethische Reflexion der Moral. Rede von Niklas Luhmann anläßlich der Verleihung des Hegel-Preises 1989, Frankfurt/M.

Volz, Fritz Rüdiger (1993): „Lebensführungshermeneutik". Zu einigen Aspekten des Verhältnisses von Sozialpädagogik und Ethik, Neue Praxis 23/1993, S. 25-31.

Zu Kapitel 3: Die gute Sozialarbeiterin, der gute Sozialarbeiter

Conradi, Elisabeth (2001): Take Care. Grundlagen einer Ethik der Achtsamkeit, Frankfurt/M., New York.

Dallmann, Hans-Ulrich (2003): Fürsorge als Prinzip? Überlegungen zur Grundlegung einer Pflegeethik, Zeitschrift für Evangelische Ethik 47/2003, S. 6-20.

Dallmann, Hans-Ulrich (2009): Eine tugendethische Annäherung an Begriff und Pädagogik der Kompetenzen, in: Ethik und Gesellschaft 3/2009, H. 1 (www.Ethik-und-Gesellschaft.de), 51 Seiten.

Heidegger, Martin (1926): Sein und Zeit, 18. Aufl., Tübingen 2001.

Volz, Fritz Rüdiger (2001): Art. Altruismus, in: Hans-Uwe Otto, Hans Thiersch (Hrsg.): Handbuch Sozialarbeit, Sozialpädagogik, 2. völlig überarbeitete Aufl., Neuwied, Kriftel 2001, S. 41-51.

Zu Kapitel 4: Die gute Klientin, der gute Klient

Dallmann, Hans-Ulrich (2007): Macht und Soziale Arbeit – eine systemtheoretische Perspektive, in: Björn Kraus, Wolfgang Krieger (Hrsg.): Macht in der Sozialen Arbeit. Interaktionsverhältnisse zwischen Kontrolle, Partizipation und Freisetzung, Lage, S. 143-164.

Honneth, Axel (1992): Kampf um Anerkennung. Zur moralischen Grammatik sozialer Konflikte, Frankfurt/M.

Taylor, Charles (1994): Quellen des Selbst. Die Entstehung der neuzeitlichen Identität, Frankfurt/M.

Volz, Fritz Rüdiger/Kreuzer, Thomas (1998): Klient, Konsument, Bürger? Sozialphilosophische Skizze zu einem tragfähigen Personenkonzept für die Sozialpädagogik, Neue Praxis 28/1998, S. 71-76.

Waldenfels, Bernhard (2000): Das leibliche Selbst. Vorlesungen zur Phänomenologie des Leibes, Frankfurt/M.

Zu Kapitel 5: Die gute Intervention

Bayertz, Kurt (1995): Eine kurze Geschichte der Herkunft der Verantwortung, in: Kurt Bayertz (Hrsg.): Verantwortung. Prinzip oder Problem? Darmstadt, S. 3-71.

Brumlik, Micha (1992): Advokatorische Ethik. Zur Legitimation pädagogischer Eingriffe, Bielefeld.

Dallmann, Hans-Ulrich (2012): Fürsorgliche Belagerung. Ethische Dilemmata der Früherkennung und Frühintervention am Beispiel der Lebensphase Jugend, in: Sozialmagazin 37/2012, H. 4, S. 42-54.

Habermas, Jürgen (1981): Theorie des kommunikativen Handelns. 2 Bände, Frankfurt/M.

Kaufmann, Franz-Xaver (1999): Konzept und Formen sozialer Intervention, in: Günter Albrecht, Axel Gronemeyer, Friedrich W. Stallberg (Hrsg.): Handbuch Soziale Probleme, Opladen, Wiesbaden, S. 921-940.

Mill, John Stuart (1859): Über Freiheit, Frankfurt/M. 1969.

Volz, Fritz Rüdiger (2002): Vorbereitende Thesen zu einer „Kritik der präventiven Vernunft", in: Angela Brandt, Dietrich von Engelhardt, Alfred Simon, Karl-Heinz Wehkamp (Hrsg.): Individuelle Gesundheit versus Public Health? Jahrestagung der Akademie für Ethik in der Medizin e. V., Hamburg 2001. Münster, S. 70-78.

Zu Kapitel 6: Die gute Einrichtung

Beckmann, Christof/Otto, Hans-Uwe/Richter, Martina/Schrödter, Mark (Hrsg.) (2004): Qualität in der sozialen Arbeit. Zwischen Nutzerinteresse und Kostenkontrolle, Wiesbaden.

Kersting, Karin (2002): Berufsbildung zwischen Anspruch und Wirklichkeit. Eine Studie zur moralischen Desensibilisierung, Bern.

Luhmann, Niklas (2000): Organisation und Entscheidung, Opladen.

Weber, Joachim (2013): Grenzen der Moral. Gedanken zur sozialpädagogischen Intervention im Anschluss an Machiavelli, Neue Praxis 43/2013, S. 19-37.

Zu Kapitel 7: Die gute Profession

Baecker, Dirk (2004): Worin besteht der Wert des Wertes? In: Dirk Baecker: Wozu Soziologie? Berlin, S. 17-28.

Foot, Philippa (2004): Die Natur des Guten, Frankfurt/M.

Gahleitner, Silke/Sagebiel, Juliane/Effinger, Herbert/Kraus, Björn/Miethe, Ingrid/Stövesand, Sabine (Hrsg.) (2010): Disziplin und Profession Sozialer Arbeit. Entwicklungen und Perspektiven, Opladen.

International Federation of Social Workers (IFSW): Standards in Social Work Practice meeting Human Rights, unter: http://ifsw.org/resources/publications/standards-in-social-work-practice-meeting-human-rights/ (letzter Zugriff: 23.9.2012)

International Federation of Social Workers (IFSW) (2012): Statement of Ethical Principles, unter: http://ifsw.org/policies/statement-of-ethical-principles/ (letzter Zugriff: 23.9.2012)

Joas, Hans (1997): Die Entstehung der Werte, Frankfurt/M.

Luhmann, Niklas/Schorr, Karl Eberhard (1982): Das Technologiedefizit der Erziehung und die Pädagogik, in: Niklas Luhmann, Karl Eberhard Schorr:

Zwischen Technologie und Selbstreferenz. Fragen an die Pädagogik, Frankfurt/M., S. 11-40.

Staub-Bernasconi, Silvia (2007): Soziale Arbeit: Dienstleistung oder Menschenrechtsprofession? Zum Selbstverständnis Sozialer Arbeit in Deutschland mit einem Seitenblick auf die internationale Diskussionslandschaft, in: Andreas Lob-Hüdepohl, Walter Lesch (Hrsg.): Ethik Sozialer Arbeit. Ein Handbuch, Paderborn, S. 20-53.

Taylor, Charles (1992): Was ist menschliches Handeln? In: Charles Taylor: Negative Freiheit? Zur Kritik des neuzeitlichen Individualismus, Frankfurt/M., S. 9-51.

Zu Kapitel 8: Die gute Policey

Foucault, Michel (2004): Sicherheit, Territorium, Bevölkerung. Geschichte der Gouvernementalität, Frankfurt/M.

Iseli, Andrea (2010): Gute Policey. Öffentliche Ordnung in der frühen Neuzeit, Stuttgart.

Luhmann, Niklas (1973): Formen des Helfens im Wandel gesellschaftlicher Bedingungen, in: Hans-Uwe Otto, Siegfried Schneider (Hrsg.): Gesellschaftliche Perspektiven der Sozialarbeit, erster Halbband, Neuwied, Darmstadt, S. 21-43.

Zu Kapitel 9: Die gute Gesellschaft

Habermas, Jürgen (1992): Faktizität und Geltung. Beiträge zur Diskurstheorie des Rechts und des demokratischen Rechtsstaats, Frankfurt/M.

Huber, Wolfgang (1996): Gerechtigkeit und Recht. Grundlinien christlicher Rechtsethik, Gütersloh.

Krebs, Angelika (Hrsg.) (2000): Gleichheit oder Gerechtigkeit. Texte der neuen Egalitarismuskritik, Frankfurt/M.

Luhmann, Niklas (1997): Die Gesellschaft der Gesellschaft, 2 Bände, Frankfurt/M.

Nussbaum, Martha C. (2010): Die Grenzen der Gerechtigkeit. Behinderung, Nationalität und Speziezugehörigkeit, Berlin.

Rawls, John (1975): Eine Theorie der Gerechtigkeit. Frankfurt/M.

Sen, Amartya (2010): Die Idee der Gerechtigkeit, München.

Zu Kapitel 10: Die gute Urteilsbildung

Appiah, Kwame Anthony (2009): Ethische Experimente. Übungen zum guten Leben, München.

Dietrich, Julia (2012): Ethische Urteilskraft. Methodologische Erwägungen aus argumentationstheoretischer Perspektive, Deutsche Zeitschrift für Philosophie 60/2012, S. 233-249.

Tödt, Heinz Eduard (1978): Versuch zu einer Theorie ethischer Urteilsfindung. Zeitschrift für evangelische Ethik 21/1978, S. 81-93.

Schmid, Hans Bernhard (2011): Moralische Integrität. Kritik eines Konstrukts, Berlin.

WOCHEN SCHAU VERLAG
... ein Begriff für politische Bildung

Soziale Arbeit

Günter J. Friesenhahn,
Anette Kniephoff-Knebel

Europäische Dimensionen Sozialer Arbeit

Soziale Arbeit wird zunehmend im grenzüberschreitenden Kontext verortet. Gesellschaftliche und politische Rahmenbedingungen und Diskurse sind nachhaltig von europäischen Entwicklungen beeinflusst. Der Autor und die Autorin zeigen auf, dass die europäische Dimension fest mit der Berufsgeschichte der modernen Sozialen Arbeit verbunden ist. Sie greifen methodische Aspekte der Komparatistik auf und erörtern Diskurse Sozialer Arbeit in Europa. Wohlfahrtsstaatliche Arrangements werden ebenso thematisiert wie Bedingungen und Möglichkeiten der Ausbildung und Mobilität der Sozialen Professionen. Die Veränderungen in Europa werden in einen internationalen Zusammenhang gestellt und Perspektiven entwickelt.

Das Buch richtet sich an Studierende und Lehrende sozial-, politik- und erziehungswissenschaftlicher Studiengänge an Fachhochschulen und Universitäten sowie an Leitungskräfte und Praktiker und Praktikerinnen grenzüberschreitend ausgerichteter Sozialer Dienste.

ISBN 978-3-89974379-1,
224 S., € 24,80

Prof. Dr. Günter J. Friesenhahn
ist Hochschullehrer und lehrt European Community Education Studies an der FH Koblenz, Fachbereich Sozialwesen. Er war Gastdozent an verschiedenen europäischen Hochschulen zum Themengebiet international vergleichende Soziale Arbeit und ist Mitglied des Vorstandes der European Association of Schools of Social Work.

Prof. Dr. Anette Kniephoff-Knebel
lehrt ebenfalls im Fachbereich Sozialwesen der FH-Koblenz im Bereich Wissenschaft der Sozialen Arbeit unter besonderer Berücksichtigung von Diversität in der Sozialen Arbeit. Sie ist seit vielen Jahren engagiert in internationalen Kooperations- und Forschungsnetzwerken, u.a. als Vorstandsmitglied im European Center for Community Education – ECCE.

INFOSERVICE: Neuheiten für Ihr Fachgebiet unter **www.wochenschau-verlag.de** | Jetzt anmelden!

A.-Damaschke-Str. 10, 65 824 Schwalbach/Ts., Tel.: 06196/86065, Fax: 06196/86060, info@wochenschau-verlag.de